Orgulho de ser Mãe C.H.A.T.A.!

DE: ____

PARA: ____

LEO FRAIMAN

Orgulho de ser Mãe C.H.A.T.A.!

O seu guia pessoal

autêntica

LEO FRAIMAN
PSICOTERAPIA E ORIENTAÇÃO PROFISSIONAL

EDITORAS RESPONSÁVEIS
Rejane Dias
Cecília Castro

EDIÇÃO E REVISÃO
Adriana Beretta
Mariana Fancio Gonçalo
Cecília Castro

PRODUÇÃO E DIVULGAÇÃO
André Martins

PROJETO GRÁFICO E DIAGRAMAÇÃO
Chico Maciel

COLABORADORES
Felipe Sister
Mariana Fancio Gonçalo

Dados Internacionais de Catalogação na Publicação (CIP)
(Câmara Brasileira do Livro, SP, Brasil)

Fraiman, Leo
Orgulho de ser Mãe C.H.A.T.A. / Leo Fraiman. -- 1. ed. -- Belo Horizonte, MG : Autêntica Editora, 2025.

ISBN 978-65-5928-613-3

1. Autoajuda 2. Autoconhecimento 3. Família - Relacionamentos 4. Filhos - Criação 5. Harmonia 6. Mães e filhos 7. Maternidade I. Título.

25-287276 CDD-649.1

Índices para catálogo sistemático:

1. Mães e filhos : Educação e cuidados : Vida familiar 649.1

Eliete Marques da Silva - Bibliotecária - CRB-8/9380

LEO FRAIMAN
www.leofraiman.com.br
leofraiman@gmail.com

GRUPO **AUTÊNTICA**

Belo Horizonte
Rua Carlos Turner, 420
Silveira . 31140-520
Belo Horizonte . MG
Tel.: (55 31) 3465 4500

São Paulo
Av. Paulista, 2.073 . Conjunto Nacional
Horsa I . Salas 404-406 . Bela Vista
01311-940 . São Paulo . SP
Tel.: (55 11) 3034 4468

www.grupoautentica.com.br
SAC: atendimentoleitor@grupoautentica.com.br

“Há mais de 30 anos conheço o Leo e seu perfil sensível e inovador. Posso dizer que o conheço verdadeiramente, pois, de imediato, nos tornamos irmãos de alma e coração. Passávamos horas compartilhando saberes, experiências e sonhos. Eu já era mãe e, por vezes, falávamos deste papel sublime e tão desafiador.

Cuidar, proteger, acolher, formar, tudo isso exige muita presença, disponibilidade, amor extremo e coragem. Tenho orgulho de ter sido uma Mãe C.H.A.T.A., não porque os meus filhos fizeram aquilo que eu esperava que fizessem, mas porque se tornaram pessoas independentes, íntegras, generosas. Hoje avó, continuo me inspirando e aprendendo com as reflexões que o Leo, de forma tão assertiva, amorosa e didática, nos transmite sobre educação parental.

Tenho o privilégio de trabalhar com ele e de entregar ao mundo a metodologia OPEE, obra impactante de sua autoria, que ampliou o olhar de educadores e abriu novos caminhos para o desenvolvimento de projetos de vida de crianças e jovens. Na minha visão, este livro é uma luz em meio à escuridão, um chamado para quem deseja assumir verdadeiramente seu papel!

Silvana Pepe

Pedagoga, diretora geral da OPEE Educação,
mãe e avó C.H.A.T.A. na medida.

“Escrevo como admiradora do trabalho do Leo e como mãe, me sentindo frequentemente acolhida e ainda mais compreendida, respaldada e liberta, através da leitura dessa obra necessária para tantas "mães chatas" como eu. Muitas vezes, para zelar nossos filhos, teremos de frustrá-los, abrir mão da nossa vaidade, lidar com desconfortos na intenção de instruí-los da melhor forma possível, preservando autonomia, educação e maturidade. Afinal, amar é cuidar. Esse livro funciona como um abraço cuidadoso que valida esse lugar tantas vezes frio e solitário, nos despindo de culpa e nos reapresentando o que é ser mãe na sua totalidade e legitimidade.

Com amor,

Pamela Magalhães

Psicóloga, palestrante, criadora de conteúdos incríveis sobre
relacionamentos e família. Uma Mãe C.H.A.T.A. na real.

O QUE VOCÊ ENCONTRA NESTE LIVRO

Meu momento
preferido é o agora.
E agora, estou aqui
para você. Com você.
Por você.

LEO POR LEO

Desde muito cedo na minha vida sou apaixonado pelas temáticas da psicologia e da educação. Sempre quis saber mais sobre como podemos desenvolver nosso potencial humano ao máximo. Amo descobrir como criar uma vida que realmente tenha sentido e fazer valer o fato de estarmos vivos de verdade.

Uma das minhas paixões é sentir que posso, com meu trabalho, acender nos meus semelhantes uma faísca de amor pela vida, capaz de irradiar aquela energia transformadora que todos temos dentro de nós.

Me encanta a possibilidade de tocar o coração de uma mãe, de um pai, de um educador e, com isso, trazer um chamado à vida boa, bonita e feliz que todos queremos e merecemos. Sabe aquela sensação de viver bem, desfrutar uma vida plena, saudável e verdadeira? É isso que me move. Por isso me dedico tanto a inspirar cada ser humano que eu possa segurar as mãos e fazer valer a sua verdade, os seus sonhos, os seus projetos de vida. O livro da minha vida é sobre isto: ajudar você a construir o seu projeto de vida familiar. Sobre inspirar e amparar você para que se sinta capaz de construir com a sua família, uma educação baseada em bons hábitos e boas atitudes. Isso para que seus filhos trilhem o caminho da virtude e sejam pessoas boas para o mundo.

Junto a isso, eu amo estudar. Psicologia, neurociências, história, sociologia, filosofia, educação e espiritualidade. Adoro aprender sobre tudo isso, mas também me dedico a aprender sobre mim. Faço isso porque quero ser um guardião da certeza de que a vida vale à pena.

Minha vida pessoal recebe um cuidado todo especial, afinal uma das medidas de felicidade é o orgulho que temos de nós mesmos, da vida que a gente construiu e desfruta. Tenho a consciência de que aquilo que emana de mim (do Leo Fraiman) é o produto da minha lapidação interior (do Leonardo de Perwin e Fraiman). Faço psicoterapia, medito, rezo, faço diários, cuido do meu corpo, da minha alimentação e lapido sempre o meu modo de pensar, sentir e agir.

Tenho a graça de manter ao meu lado amigos maravilhosos de longa data e profissionais incríveis, nos mais diversos sentidos desta palavra, com os quais construí uma carreira mágica, que foi bem além dos meus mais generosos sonhos de adolescência.

No meu cotidiano, atuo como psicoterapeuta há mais de 33 anos, com as abordagens da Logoterapia e da Psicoterapia Cognitiva. Sou também palestrante, criador de conteúdo e orientador familiar. Esse mix de atividades me dá perspectivas diversas sobre o fenômeno humano e um dia a dia vibrante, cheio de desafios e realizações.

Participei do Conselho Mundial de Educação para a Autonomia (Paris); ministrei uma palestra no Simpósio Internacional Formando Lideranças para o Desenvolvimento Futuro (na sede da ONU em Genebra), na qual compartilhei o case de sucesso da Metodologia OPEE de Projeto de Vida e Educação Socioemocional (presente hoje em mais de 1.600 escolas de todo o país, com mais de 500.000 alunos e famílias). Já estive em diversos países disseminando aquilo que acredito: o amor pela vida, pela família, pela felicidade, por Deus.

Meu momento preferido é o agora. E agora, estou aqui para você. Com você. Por você. Obrigado pela oportunidade de trilharmos juntos esta curta e preciosa jornada chamada vida. Que sejamos capazes de tornar o mundo melhor, porque antes de nosso último suspiro é isto que vai valer: o número de pessoas que irão contar a vida delas pelo que deixamos, pelo nosso legado.

Ficarei muito feliz caso queira me enviar opiniões, ideias, críticas, comentários, dizer como foi sua experiência com este livro. leofraiman@gmail.com

AGRADECIMENTOS

À minha mãe Ana, a rainha da "chatice", que me deu a vida e ensinou sobre a importância dos estudos, da determinação, da excelência em tudo que fazemos. Ela sempre acreditou em mim e me dizia que eu iria voar longe, teria uma carreira internacional, que faria a diferença no mundo. Quando eu era criança, isso me assustava, pois tinha medo de não corresponder às suas expectativas. Hoje em dia, percebo que essa sua visão foi, mesmo sem eu perceber, um norte poderoso dentro de mim, que deu tração a muitos dos meus sonhos e projetos de vida. Um dia, já perto de seus 80 anos de idade, ela me disse, com lágrimas e sorriso nos olhos, que eu era "um bom homem", uma "boa pessoa" e que ela se orgulhava de quem eu me tornara. Foram as palavras mais lindas que eu recebi na vida. Ali, eu percebi que o projeto de vida dela para mim estava sendo honrado.

Ao André Martins, que tem me acompanhado em palestras, eventos e congressos, onde celebramos juntos a magia transformadora da palavra. Com seu trabalho impecável de cuidados com minhas redes sociais, ele tem gerado ao meu lado um eco incrível do meu trabalho.

Ao André Pereira, parceiro de jornada e gestor de atendimento e hospitalidade da clínica psicológica onde atendo meus pacientes e supervisiono uma equipe de pessoas e profissionais maravilhosos. Seu trabalho sempre recebe elogios das mães que atendemos, e nossas trocas de ideias e percepções deixam sempre uma inspiração para fazer mais, contribuir mais. Sua forma de acolher as famílias de nossos pacientes me encanta. Que esta obra seja mais uma representação do nosso compromisso de servir àqueles que nos prestigiam e que tanto nos ensinam diariamente.

À Adriana Beretta, minha profunda gratidão pela preparação do texto, pelas entrevistas e por todas as nossas ricas trocas que permitiram a essa obra ficar de pé. Seu trabalho impecável me possibilitou trazer aqui minhas ideias e ideais de forma delicada e tocante.

Às centenas de pacientes que atendi nestes anos todos, que me deram a oportunidade de estar ao seu lado para mergulharmos juntos em suas vidas maternas, conhecer seu cotidiano pessoal, familiar, conjugal, e ouvir suas dores, confidências, medos, sonhos, realizações, frustrações, alegrias, a magia e as duras passagens da maternidade.

Ao Marcus Simas, parceiro de projetos digitais que, com sua expertise e seu envolvimento de excelência, tem proporcionado crescimento sustentado em nossas ações junto às famílias que nos seguem e que desfrutam de nosso conteúdo. Seu envolvimento e sua dedicação às nossas causas me emociona e me incentiva sempre a ir além.

À Maria de Mello, Magda Pearson e Luiz Gonzaga Sanseverino Júnior, os quais são os psicoterapeutas que, nesses últimos anos, me acolheram, me analisaram e me ajudaram a entender mais sobre a maternidade, a partir de uma compreensão profunda da minha própria mãe e de mim mesmo como filho, como homem, como ser humano.

À Maria José Ramos Cardoso, uma das melhores psicólogas que conheço. Ela conseguiu não somente praticar uma "chatice" incrivelmente poderosa em sua família como me ensinou sobre o delicado equilíbrio entre afeto e firmeza, força e acolhimento. Muitos dos seus ensinamentos estão diluídos nestas páginas.

À Mariana Fancio Gonçalo, parceira na construção da história da educação socioemocional neste país; editora da Metodologia OPEE de Projeto de Vida e Atitude Empreendedora; pesquisadora de excelência, que nestes anos todos tem me acolhido e assessorado nos projetos relacionados à educação, permitindo sempre um olhar apurado, consistente e profundo sobre os relacionamentos humanos, em especial os familiares.

À Mila Frejman Jerusalmi, que me ensinou preciosidades sem fim sobre o amor de uma mãe pela sua família. Seus ensinamentos na prática me iluminaram a mente, aqueceram o coração e mostraram caminhos muito importantes sobre a complexidade da experiência da maternidade, dos laços humanos e da superação.

À Silvana Pepe, minha irmã de alma, minha mestra espiritual e parceira de jornada educacional. A você, como mãe, avó, amiga e muito mais, agradeço por tudo que aprendi e sou como pessoa e profissional.

À minha querida amiga e editora Rejane Dias, pelo incentivo, encorajamento e dedicação generosa para que este livro se tornasse realmente especial e transformador.

À editora Cecília Castro pelas ricas trocas e por todos os cuidados com esta publicação.

1

POR QUE E PARA QUEM ESCREVO ESTA OBRA?

Há um fato que precisa ser posto para estabelecermos o rumo deste bate-papo desde já: espero que meus amigos homens se acheguem e acompanhem o quanto quiserem, mas que entendam que este é um livro direcionado às mulheres. Sim, afinal, os 30 anos debruçado sobre esta temática não deixam espaço para dúvidas: por mais que o mundo tenha evoluído e que os homens tenham estabelecido novos padrões de parcerias, de companheirismo e até mesmo de função (conforme seu esquema familiar), 90% ou mais das tarefas ligadas à criação e educação dos filhos continuam se mantendo a cargo da mãe. Claro, há espaço para falarmos do "novo pai", do "novo homem", mas esta será uma outra jornada. Este aqui é o momento e o espaço da mãe, da mulher.

Você já parou para pensar no que, de fato, comandamos na vida? Não decidimos nossa chegada ao mundo (pelo menos não lembramos disso), não temos ideia do tempo que teremos pela frente, não controlamos vontades, reações, eventos naturais, nada que diga respeito ao outro. Se olharmos bem, há pouca coisa que podemos manter debaixo do próprio chapéu, e o que cabe está intimamente relacionado à singularidade que nos é intrínseca.

Muito cedo compreendemos que viver é uma façanha totalmente exclusiva e assim, como seres únicos que somos, fazemos na vida o que nossos pequenos reproduzem no Minecraft (um dos jogos mais populares que os prendem às telas): escolhemos os blocos, as armas, os acessórios, diferentes *skins*, nos cercamos de objetos, plantas, pessoas, animais e passamos a construir, com um tanto de criatividade e outro tanto de liberdade, nosso pequeno oásis particular. Respeitar a individualidade do ser humano é a base da existência, mas fechar-se em nome dela é desperdiçar a chance de saber o que existe além do cercadinho que limita nossas terras. Olhar, conhecer e compreender o que está além de mim me insere no mundo, e é a comunhão (comum + união) dos indivíduos de uma mesma era, de um mesmo tempo, que garante a evolução da espécie. Pergunte a seu filho/sua filha se não é visitando os amigos, passando por portais, conhecendo outros universos que o jogo fica ainda mais legal e evolui.

Fiel ao exercício de olhar em volta, outro dia presenciei a cena de um garoto de uns 6 anos desrespeitando todas as regras de um esporte e causando o maior tumulto, enquanto o pai apenas se concentrava em fotografá-lo de um lado da quadra e a mãe em filmá-lo do outro. Dois fãs. Mais tarde, escutei o relato triste de uma amiga, ainda em choque, por ter dito alguma coisa à filha de 12 anos que lhe valeu um "cala a boca" seguido de um sonoro tapa na cara. Diariamente, tenho acompanhado professores desesperados, destruídos, destroçados, exaustos por terem que lidar com pais que dizem e escrevem coisas impensáveis como: "Melhore a nota do meu filho", "Minha filha não pode passar por isso", "Não matriculei meu filho para ele voltar para casa infeliz".

De forma consciente ou inconsciente, apoiamos, partilhamos ou observamos, passivos e conformados, a cultura de um "novo normal" que traz dois grupos comuns nos quais está a grande maioria dos pais modernos: de um lado, os permissivos e amigões; do outro, os repressores e ausentes.

Em ambos os grupos, mães e pais bem-intencionados idolatram suas crianças quando deveriam acompanhar seu desenvolvimento; compram *games* violentos para os filhos quando deveriam zelar pela informação que eles consomem e pelos estímulos que recebem; largam suas crianças e adolescentes a ponto de não os notar presos a uma tela vendo sabe-se lá o quê, conversando com sabe-se lá quem madrugadas adentro.

Isso é abandono. É trágico. Um crime!

Se você acha que estou exagerando, lembre-se do que diz a Constituição Federal Brasileira, Artigo 227:

> É dever da família, da sociedade e do Estado assegurar à criança, ao adolescente e ao jovem, com absoluta prioridade, o direito à vida, à saúde, à alimentação, à educação, ao lazer, à profissionalização, à cultura, à dignidade, ao respeito, à liberdade e à convivência familiar e comunitária, além de colocá-los a salvo de toda forma de negligência, discriminação, exploração, violência, crueldade e opressão.

Falar de abandono é falar sobre violência. É violar o direito que uma criança tem de ser cuidada, alfabetizada emocionalmente, de ter sua escolaridade preservada, de aprender a esperar, a se frustrar, a compartilhar, a dialogar, a olhar no olho do outro. E não me venha com o papinho de "Ai, mas hoje em dia são os nativos digitais...", "Puxa, tá difícil educar...", "Todo mundo é assim..." etc.

"Mas você não é todo mundo, Joana!", "Eu não sou a mãe da Paula, nem do Pedro, sou sua mãe!", "Quando você crescer, vai entender e me dar razão, filho!" Lembra-se de ter ouvido algo assim na sua vida? Frases como essas foram, são e continuarão sendo importantes constituintes da nossa civilidade e dignidade. Trocá-las pelo que aparentemente dá menos trabalho e engaja mais é aceitar e reforçar uma convenção social que se mostra cada vez mais desastrosa. Abrir mão do instinto que cuida, protege, segura, carrega, alimenta, ensina, ama de verdade é o que tem fragilizado as relações, prejudicado a mente de nossas crianças e, em última instância, colocado em risco a própria evolução humana.

Temos, hoje, livros cada vez mais superficiais, letras de música cada vez mais absurdas, programações de televisão cada vez mais violentas, redes sociais cada vez mais viciantes, alimentação cada vez mais artificial e, claro, pessoas cada vez mais necessitadas de amparo. Pergunto a você: quanto de abandono precisamos ter até que uma criança decida abandonar a si mesma ou abandonar a vida? É claro que cada mãe e cada pai fazem o que sabem, o que podem, o que conseguem, mas vamos mesmo ficar aqui de ombros caídos, braços largados ao lado do corpo, com a boca meio aberta de espanto e os olhos marejados de tristeza observando, de uma distância segura, esta tragédia social tão espalhafatosamente anunciada acontecer?

Na Psicologia Comportamental, o termo "efeito manada" indica a tendência que o cérebro humano tem de seguir opiniões, estilos, hábitos, traços culturais, crenças dos outros. É o que faz, por exemplo, as pessoas optarem por enfrentar filas de espera gigantescas em um restaurante mesmo sabendo que, do outro lado da rua, há um tão bom quanto com lugares de sobra. A maioria das pessoas não arrasta o pé de onde está pelo simples fato de a mente se desobrigar a decidir. Com tanta gente fazendo o mesmo, por que fazer diferente, não é mesmo? Decidir é uma operação realmente custosa em termos de energia, uma vez que o cérebro gasta 20% das calorias diárias nesse processo. Dessa forma, seguimos cedendo aos irresistíveis "todo mundo já comprou" ou "só você vai ficar de fora" que as propagandas utilizam com sabedoria e assumimos um monte de bobagens como verdades absolutas pelo simples fato de serem ditas, escritas e performadas à exaustão à nossa volta.

Filósofos e escritores alemães (mais enfaticamente Johann Gottfried Herder) cunharam o termo *Zeitgeist* para determinar o conjunto de ideias e crenças que definem uma época específica. É o "Hoje em dia se faz assim", "As crianças exigem", "Não tem mais jeito". Convenhamos: jogar a toalha, lavar as mãos e colocar a conta da desesperança no "espírito da época" ou no "sinal dos tempos" é um drible cínico à responsabilidade. É preguiça. Não há quem já tenha tentado de tudo. Sempre há algo diferente a fazer, por mais difícil que pareça a sua situação. Com humildade e curiosidade, no devido tempo, encontramos o nosso jeito (possível e real) de lidar com as coisas.

"Está difícil ser mãe nos dias de hoje" tem sido uma das frases mais faladas, ouvidas, pensadas e repetidas da atualidade, então não é de se estranhar que ela tenha se espalhado pelo mundo como verdade. A questão é que quem a repete não se dá conta de que, ao se colocar como refém dos tempos e se convencer de que carrega um fardo pesado demais, está depreciando e negligenciando – íntima e publicamente – a força extraordinária da maternidade.

Pense comigo sobre as profissões essenciais do mundo moderno: você diria que hoje a vida de um médico, de um agrônomo, de um professor, de um construtor, de um psicólogo está cada dia mais fácil? É claro que devemos tudo ao progresso e ao desenvolvimento, mas, se você ainda não se deu conta do ônus que nos é infligido pelo simples fato de existirmos nesta época, saiba que é hora de se preparar para o que vem pela frente: uma vida cada vez mais cara, mais complexa, mais competitiva, mais exigente, mais acelerada, mais conectada, mais desafiadora. Ou resgatamos, enquanto é tempo, a chance de um filho se tornar "gente" (que trata gente com gentileza) ou não tenho dúvida de que seremos parte do problema e não da solução. Precisamos abandonar a ideia narcisista, egoísta, míope de querermos formar o melhor filho do mundo para postar como troféu na internet e, de uma vez por todas, assumir o compromisso de formar o melhor ser humano para o mundo. Pode não ser fácil, pode exigir de nós um esforço imenso, mas é possível e gratificante demais.

Não podemos nos conformar com o que é ruim, com o que nos apequena. Precisamos adotar um modelo mental de "perseverar até encontrar". Isso quer dizer: mudar, ajustar, repensar **"até encontrar a solução"**.

É notório que, no mundo da educação e da psicologia, principalmente, tem se falado cada vez mais em crianças atípicas, neurodivergentes, portadoras de síndromes e de necessidades que demandam cuidados especiais. Conto com a sua compreensão para o fato de eu não trazer, nesta obra, uma reflexão que respeite uma ou outra realidade específica, uma vez que não foi possível incluir aqui todas as adaptações que abarcassem a plenitude das expressões da vida humana. Todo livro contém alguma redução. Assim, caso você se depare com perguntas ou propostas que não caibam na sua vida, será um bom motivo para conversar com uma amiga, debater com uma educadora, levar ao conhecimento de um psicólogo, de um psiquiatra ou de um neurologista para saber como adaptar as informações, ideias ou propostas, de acordo com a sua realidade.

Este livro é, antes de tudo, um convite. Convido você a abrir os olhos, a sair da bolha e a enxergar com clareza à luz da realidade que nos cerca. Precisamos entender que não tem atalho para as grandes questões da vida e que **os familiares, de fato, não são 100% responsáveis pela formação de um filho/de uma filha (sabendo que existem os amigos, a escola, a cultura, a sociedade), mas são 100% responsáveis pela porção que lhes cabe**.

Meu desejo é que, ao longo destas páginas, possamos nos dar as mãos e, como amigos que se enxergam nos olhos um do outro, como seres que se reconhecem humanos, como adultos responsáveis que querem o bem para si, para os seus e para o mundo, possamos conversar sobre maternidade, educação e felicidade enquanto saboreamos um café, um chá, o que nos fizer bem.

Que seja um suspiro doce de paz, de calma, de acolhimento.

Que, a partir desta conversa, você siga com graça, tranquilidade e firmeza, pronta para evitar ou reverter o que possa colocar em risco a felicidade de quem você mais ama.

Prepare seu espaço, sua mente e seu coração para olhar a vida de frente sem se apequenar pelas ameaças, pelos desastres iminentes, pelas notícias alarmantes capazes de deixar qualquer um de cabelo em pé. Se há uma visão catastrófica de futuro em curso, que ela venha de fora e não se sustente diante da autoridade de um exército de mães incríveis e comprometidas.

Saiba que a mão que escreve este livro não se propõe puxar a orelha, pelo contrário, minha mão está literalmente estendida na direção da sua porque, não tenho dúvida:

> Se há uma hora, minha amiga, em que aquela capa de "supermãe" precisa ser resgatada, sacudida, colocada no sol e vestida **é agora!** Se há uma bandeira que vale a pena empunhar de cabeça erguida é a que simboliza a **importância da educação na família brasileira e mundial**. Se existe uma frase que merece ser gritada aos quatro ventos, a plenos pulmões, é: **"Tenho orgulho de ser Mãe C.H.A.T.A.!"**.

Porque toda pessoa de sucesso teve uma Mãe C.H.A.T.A. E digo mais: pior do que uma Mãe C.H.A.T.A. é uma mãe que não se importa!

2

SEJA REFERÊNCIA

Se eu lhe pedir para pensar na mãe mais completa, admirável e exemplar que você conhece, quem vem à sua mente?

As principais referências para a educação dos filhos/das filhas sempre foram os laços familiares e comunitários que se formam durante a vida. Por mais que o mundo tenha evoluído e as sociedades tenham se modernizado, continuam sendo eles (os laços) a fonte mais elementar para a atuação parental. Ainda assim, chegam pelas redes sociais um número enorme de outros exemplos, muitas vezes contraditórios, com orientações nem sempre baseadas na ciência ou em conhecimentos sólidos, que deixam muitas mães perdidas, com a sensação de que estão fazendo tudo (ou quase tudo) errado e de que estão, na prática, "devendo". É claro que as redes sociais vieram para ficar e que são ótimas: entretêm, inspiram, informam, tiram dúvidas, acalmam, alegram, geram curiosidade, conectam. O que não podemos permitir é que ideias aleatórias prejudiquem nosso raciocínio, anulem nossa voz, determinem nossa vida. Sem passar pelo filtro do discernimento, a internet se torna apenas mais uma fonte de culpa.

Acompanhar o que os influenciadores mais populares e reconhecidos têm a dizer sobre assuntos que nos interessam é um movimento legítimo de quem tem curiosidade diante da vida e não atrapalha em nada quem tem senso crítico. O problema é se deixar levar pela narrativa atual tão comum e tão difundida da mãe "perfeita", legal, amiguinha, fã dos filhos e se convencer de que aquele – e só aquele – é o comportamento, o caminho, o padrão, o perfil certo. Isso amassa a autoestima de quem segue e, ainda assim, não traz bons resultados em casa, na escola, na vida.

Seguir um bom exemplo é algo importantíssimo no processo de desenvolvimento humano: exercita o cérebro, aciona o pensamento crítico, lapida as ações. Agora, seguir cegamente um modelo sem qualquer reflexão, desconsiderando totalmente nossa própria bagagem, personalidade e intuição é como se propor vestir um figurino que não serve, que não combina, que não cabe. Isso não se sustenta a longo prazo. Com o tempo, naturalmente nossa alma passa a clamar pelo conforto da autenticidade.

Precisamos cultivar os mais elevados valores morais e nos cercar das melhores referências. Sem isso, ficamos à mercê de especialistas para tudo o que é assunto, dos mais irrelevantes aos mais sérios e necessários. Digite a palavra que quiser no Google e você vai ver alguém defendendo, criticando, ensinando e mostrando por "a + b" por que você deve ou não deve comer tal alimento, usar tal ferramenta, fazer tal exercício, escolher tal método de ensino, cobrar mais conteúdo, viajar para tal lugar, expor suas crianças, mudar seu corpo, questionar as leis do universo e assim por diante. Para quase tudo que você quiser, você vai achar um clube, uma associação, alguém instituindo alguma verdade.

A construção de uma vida plena e feliz é um processo dinâmico, com altos e baixos, e precisa que se tenha o pensar, o sentir e o agir ancorados em valores e em virtudes, sabendo que feliz é aquele que faz o mundo feliz à sua volta. O bom humor tem lugar de honra nessa busca. Estimulado, o cérebro dispara a dopamina que nos deixa felizes e aciona também a acetilcolina, substância que age na estimulação das sinapses nervosas, o que garante a diminuição da quantidade de toxinas no organismo, eleva a saúde, a motivação, promove o aprendizado, estimula a criatividade, ajuda na resolução de problemas e ainda influencia positivamente o ambiente e as pessoas.

A Mãe C.H.A.T.A. sabe disso muito bem, por isso ensina, incentiva, ajuda seu filho/sua filha a aprender a relaxar, a praticar um esporte, a respirar profundamente quantas vezes forem necessárias até se acalmar, a escutar uma boa música, a rezar, a cuidar de um animal de estimação, a pedir um abraço, a chorar, a escrever em um diário... Ajuda o filho/a filha a equilibrar suas emoções, a viver com alegria e também, claro, a conviver com as dores, com a espera, pois a vida boa não é isenta de dificuldades.

Existem muitas maneiras de mudar nosso humor. É o que significa ser autônomo, ter autogestão, ser dono de si. Uma pessoa bem-humorada tem maiores chances de empregabilidade, estabelece melhores relações, consegue mais conexões e tem maior facilidade de ser bem aceita na esfera afetiva, social e em tantas outras áreas da vida. A pessoa que arrasta consigo uma mágoa, um ressentimento, uma ira constante e desmedida geralmente o faz porque, ao cultivar aquele sentimento forte e profundo, se sente viva. Como se estivesse sob o efeito de uma droga, ela cultiva uma falsa sensação de conforto no mal humor; mal-humorada, age de maneira impensada, sendo vista como alguém que vive perdendo a cabeça. Literalmente.

Seja **você** a referência materna que vem à mente do seu filho/da sua filha, dos seus familiares, amigos e conhecidos quando pensarem sobre isso.

Seja **você** a **Mãe C.H.A.T.A.** que o mundo precisa!

Uma das maiores medidas de felicidade é o orgulho da pessoa que somos. Você merece sentir isso.

3

VÁ EM FRENTE!
VOCÊ NÃO
ESTÁ SOZINHA!

E agora, mãe, quais os ajustes e novos caminhos que você quer construir em sua família, dentro de você mesma, em suas relações e nos relacionamentos construídos com a escola, com o professor de futebol, com a tia da perua, com os demais com quem você cruza no dia a dia?

Feche os olhos só por um instante, coloque a mão aí no seu coração e se imagine vivendo em uma sociedade em que cada mãe se empenhe em formar o ser humano mais consciente possível, comprometido consigo mesmo, com os outros e com o mundo. Imagine viver uma realidade em que as pessoas se olhem de frente, respeitem umas às outras. Você é uma dessas mães. Se você chegou até aqui, é porque você se importa e esses são os seus valores.

Imagine uma cena em que uma criança é derrubada de propósito no recreio da escola e um menino/uma menina que vê tudo acontecer, ao invés de inflar os ânimos, expor a situação em rede social, estimular uma briga ou gerar atos recorrentes de *bullying*, se aproxima, levanta a criança do chão, dá-lhe um abraço tranquilizador e ainda acalma o colega irritado, lembrando aos dois que são todos amigos. Seu filho/sua filha pode ser esta pessoa boa.

Imagine que legal um mundo em que você testemunhe uma criança cheia de energia correr pelo supermercado, esbarrar em uma prateleira e fazer despencar dezenas de pacotes de bolachas pelo chão e, sem titubear, junto com sua mãe, recolhe o que derrubou e posiciona cada uma das embalagens bem direitinho no lugar onde estavam. No final, mãe e filho/filha se olham como quem pensa: "Aham, é assim que se faz!". Podem ser você e seu filho/sua filha.

Imagine uma mãe que costuma usar o grupo de WhatsApp para xingar, reclamar e questionar a escola testemunhando o exemplo de outra mãe que, no lugar de incendiar ainda mais a situação, chama cada um ao cuidado, à empatia e, com gentileza, propõe diálogos construtivos e atitudes sadias. Você pode ser essa mãe.

Quem sabe já estejamos partilhando do mesmo sonho... Quem sabe não seja tão difícil quanto parece...

Talvez você não tenha se dado conta de que a ferramenta mais poderosa, sólida e indiferente à ação do tempo no que diz respeito à criação e educação de filhos está a milênios de distância de YouTube, Instagram, WhatsApp ou mesmo de livros como este, em que falamos abertamente sobre assuntos antes vistos e tratados como tabus. O melhor recurso para educar um filho/uma filha é gratuito, nasce sozinho, é de fácil cultivo e atravessa gerações sem grandes esforços. É o instinto materno. *Feeling*. Pele. Olho. Cheiro. Foi assim que nossos antepassados educaram seus filhos. Eles sentiam. Quando não sabiam o que fazer, ouviam o coração, elevavam o pensamento, dormiam com a dúvida, pediam sinais. Você, minha amiga, é feita desta mesma matéria-prima divina, linda, iluminada, preciosa e cada vez mais rara hoje em dia.

Que tal inaugurarmos uma nova era? A era em que resgatamos a capacidade de olhar para dentro de nós mesmos e, finalmente, sair do modo automático, da narrativa do "todo mundo faz", "hoje em dia é assim".

É chegado o momento de você aguçar seus instintos mais puros, de aprender a ter voz, vez e valor no seu feminino, que é a sede da vida, e cumprir seu papel com maestria, sem vitimizações, sem cobranças desnecessárias, sem carregar o peso do mundo nas costas, sem esquecer que ser mãe é acertar e errar todos os dias, sabendo que os acertos de mãe carregam o poder da cura.

No futuro que imagino, você compreende o privilégio que é ser uma Mãe C.H.A.T.A., reconhece a si mesma como tal, dá um passo à frente e integra o grupo em que estão milhões de outras mulheres também sensacionais. De mãos dadas, vocês andam altivas, com passos firmes, olhar atento, sorriso largo, agregando novos rostos a cada passo que dão. E eu sigo junto: falando, sorrindo, ouvindo, pensando, chorando, trabalhando, lutando bravamente pelo direito de nossas crianças e adolescentes, seus filhos amados, fazerem o melhor para eles próprios e para o mundo.

Meu sonho, quem sabe o nosso sonho, pode ser alimentado por esta prece em forma de poesia que criei especialmente para você. Leia-a diariamente logo ao acordar ou em qualquer momento em que deseje se reconectar com o melhor de si.

Prece da Mãe C.H.A.T.A.

A partir de um sopro de esperança,
nasce uma criança.

Um sonho que se faz vida,
que merece ser bem vivida.

Edificada na verdade, na realidade,
na nossa imperfeita humanidade.
Em cada momento simples de nosso cotidiano,
servimos ao divino, em seu plano.

Somos, com orgulho, as guardiãs da
certeza de que a vida vale à pena,
pois não se pode dar à alma uma luz pequena.

Queremos, merecemos ser aquelas que projetam vida,
vivendo dentro de nós a cor, o calor, o sabor e o amor.

Com orgulho somos as que têm a coragem de acreditar,
a nossa existência, a cada dia lapidar,
sem jamais nos esquivar.

Por nossa alma, que luz merece, repousamos na ação e na prece,
e assim o nosso próprio coração se enobrece,
e o amor aos nossos filhos e à nossa família, a cada dia, resplandece.

4

QUEM É VOCÊ?
COMO TEM SE SAÍDO
COMO MÃE?

É chegado o momento de você se aproximar mais de si mesma, respondendo ao nosso primeiro exercício de autoanálise. Aqui, o objetivo principal é adentrarmos no tema da maternidade, da sua experiência, instigando reflexões para as transformações desejadas.

Exercício ❶
Autoanálise

Reflita sobre a maternidade e lembre-se de que registrar suas respostas será útil no decorrer deste processo.

1. Qual foi a maior transformação na sua vida com a chegada dos filhos?

____

____

____

____

2. Quem ajudou você na fase das crianças pequenas?

____

____

____

____

3. Como você organizou a vida a partir da chegada dos filhos?

4. Quais foram suas referências maternas?

5. O que você fez (ou faz) que tenha sido diferente e foi questionado ou criticado por outras mães?

6. O que você faz igual e o que faz muito diferente da sua mãe? O que ela acha disso (caso se aplique)?

7. Quem divide com você a responsabilidade pela educação do seu filho/da sua filha?

8. Estão claros os papéis e as responsabilidades entre os membros da sua família?

9. Você considera justa a divisão de tarefas na sua casa, especialmente com quem divide com você a educação do seu filho/da sua filha? Se não considera, por quê?

10. A rotina da sua casa propicia uma vida familiar saudável, organizada, leve e feliz? O que poderia ser melhor?

11. Há conflito de ideias, valores, ideologias, princípios, crenças entre você e quem compartilha da responsabilidade de educar seu filho/sua filha? Isso tem reflexos importantes? Quais são?

12. Do que você se orgulha como mãe?

13. Do que você tem medo?

14. Do que você se arrepende?

15. Quem são e como são seus filhos?

Se é verdade que não nascemos com manual de instruções e que isso nos dá uma certa angústia diante da vida, das decisões e do futuro, também é verdade que podemos construir esse manual por meio do autoconhecimento.

Se você ficou feliz ao responder às perguntas anteriores, que bom! Parabéns! Se, por outro lado, ao responder tudo isso, você está se sentindo triste, envergonhada, culpada ou mal por alguma razão, venha cá que vou te contar um segredo: **você é humana!** Está tudo bem! Estamos apenas começando.

Com uma sociedade tão adoecida, a enxurrada de notícias pesadas que recebemos, a velocidade das mudanças, a dissolução dos laços comunitários, entre tantas outras tristezas, qual a dúvida de que a vida de todos nós está cada vez mais difícil? Não podemos querer imaginar que, diante de um mundo tão tóxico e violento, nada disso nos afete. É fundamental que você saiba que, seja lá o que estiver vivendo, isso é o resultado do que você conseguiu viver até aqui. Seja lá o que você tem feito em relação aos filhos, isso é o que você deu conta de fazer até agora. Dê pesos diferentes para os erros. Leve em conta o "não saber", a complexidade humana, o incontrolável. Seja gentil com você primeiro para poder ser gentil com os outros também.

Vamos, agora, a uma importante reflexão que poderá ajudá-la a perceber como está o comportamento dos seus filhos/das suas filhas para analisar o que está indo bem e o que merece algum ajuste.

Exercício 2

Como seu filho/sua filha tem se saído na vida até aqui?

A resposta honesta a esta pergunta possibilitará a você compreender sua realidade e ajustar sua forma de pensar, de sentir e de agir para auxiliar e orientar seu filho/sua filha a buscar a felicidade dele/dela.

Assinale com um X a afirmação que se aplique **totalmente** ao seu filho/sua filha.

○ **1.** Meu filho/minha filha reconhece seus erros e tropeços, se arrepende, pede desculpas, aprende e se fortalece.

○ **2.** Meu filho/minha filha cumprimenta as pessoas no elevador, na entrada e saída dos lugares, especialmente quando não está sendo observado(a) por ninguém.

○ **3.** Meu filho/minha filha respeita regras.

○ **4.** Meu filho/minha filha não pega nada que não seja seu e devolve o que lhe é emprestado.

○ **5.** Meu filho/minha filha é obediente e respeitoso(a) com os pais e qualquer adulto.

6. Meu filho/minha filha fala a verdade.

7. Meu filho/minha filha defende suas próprias ideias.

8. Meu filho/minha filha zela pela sua casa, ajuda a lavar a louça, arruma a cama, cuida do animal de estimação sem que precise ser cobrado(a) por isso.

9. Meu filho/minha filha não cede à pressão dos amigos quando pensa diferente deles.

10. Meu filho/minha filha respeita o próximo como ele é.

11. Ao se envolver em brincadeiras consideradas ofensivas, constrangedoras e/ou perigosas, meu filho/minha filha percebe o erro e o corrige.

12. Meu filho/minha filha se interessa pelos assuntos da família.

13. Meu filho/minha filha dosa o tempo de uso de celular, computador e de interação nas redes sociais.

14. Meu filho/minha filha preserva sua intimidade.

15. Meu filho/minha filha faz as refeições com a família.

16. Meu filho/minha filha participa dos compromissos familiares com alegria.

17. Meu filho/minha filha sabe se comportar em qualquer lugar.

18. Meu filho/minha filha tem bons hábitos de higiene.

19. Meu filho/minha filha reza e agradece.

20. Meu filho/minha filha se exercita regularmente.

21. Meu filho/minha filha come o que lhe é oferecido.

22. Meu filho/minha filha oferece ajuda quando percebe que alguém está precisando.

23. Meu filho/minha filha brinca, faz bagunça, se diverte e tem amigos.

24. Meu filho/minha filha sabe se colocar no lugar do outro.

25. Meu filho/minha filha compra ou pede para comprar aquilo que pode e que precisa.

26. Meu filho/minha filha é caprichoso(a) e responsável com suas lições.

27. Meu filho/minha filha não fala mal dos outros.

- ◯ **28.** Meu filho/minha filha gosta de ler.
- ◯ **29.** Meu filho/minha filha escreve e se comunica de forma clara e correta.
- ◯ **30.** Meu filho/minha filha sabe se defender sozinho(a).
- ◯ **31.** Meu filho/minha filha doa roupas, brinquedos e objetos em bom estado que não lhe serve mais.
- ◯ **32.** Meu filho/minha filha sabe ouvir e argumentar.
- ◯ **33.** Meu filho/minha filha se manifesta e protesta contra injustiças.
- ◯ **34.** Meu filho/minha filha cuida das crianças menores com carinho.
- ◯ **35.** Meu filho/minha filha tem os pais como exemplo.
- ◯ **36.** Meu filho/minha filha veste-se de forma adequada, levando em conta a situação e o ambiente em que está.
- ◯ **37.** Meu filho/minha filha é seguidamente elogiado(a) por quem convive com ele/ela ou que o(a) conhece pela primeira vez.
- ◯ **38.** Meu filho/minha filha tem um projeto de vida claro.

Observe as afirmações que você **não tenha** assinalado e pense sobre elas com honestidade, sem apontar culpados. Faça isso com autocompaixão, tranquilidade e a certeza de que a mudança acontece com informação, planejamento e ação. Nossa vida pode mudar para melhor e a saída está nas atitudes e ajustes constantes, com acertos e desacertos.

Perceba como é bom falar com quem nos olha de frente e nos enxerga de verdade; como é bom conversar com quem presta atenção, escuta atentamente e não nos faz sentir julgados. É isso o que você vai encontrar neste livro. Encare-o como uma forma de se conhecer melhor, de se acolher, de perceber que você tem valor e que o que viveu até aqui foi o melhor que você conseguiu fazer com o que tinha. Veja-o como um espelho amigo que não aponta defeitos, mas que permite que você vença um dos sentimentos que se impõe cada vez mais na vida de tantas mães: a invisibilidade. Ele pode ser o amigo presente, tranquilo e bondoso que diz: "Estou aqui", "Eu te vejo", "Eu te entendo", "Eu sei que está puxado, mas você não está sozinha". E vai te acompanhar durante o período que for preciso.

Respeite seu tempo e visite o livro sempre que sentir vontade ou necessidade. Se em algum ponto específico algo a incomodar, pare de ler, ponha-o de lado, metabolize, deixe as emoções se acomodarem e volte a ele em alguns dias.

Leve-o para a viagem, para o café com a amiga, para trabalhar com o psicólogo na terapia. Deixe-o na bolsa, grife o que for mais importante, pinte o que não quiser esquecer, abra espaço na sua vida para que ele seja o ombro amigo, a mão quentinha, o coração aberto de que você tanto precisa.

Seja gentil
com você primeiro
para poder ser gentil
com os outros
também.

5

O QUE É SER
UMA **MÃE**
C.H.A.T.A?

Ser **Mãe C.H.A.T.A.** é ser a mãe **Consciente, Humana, Amorosa, Tranquila e Autoconfiante** que todo filha/toda filha merece ter. Não conheço uma pessoa de sucesso que não tenha tido Mãe C.H.A.T.A.. Ainda assim, a conotação negativa faz com que estas mães maravilhosas andem por aí cheias de culpa, de olhos baixos, meio à margem do fluxo quando deveriam caminhar de cabeça erguida, queixo alto, sorriso largo no rosto, orgulhosas do bem que fazem à humanidade.

Veja que "perfeição" não cabe neste acrônimo. A Mãe C.H.A.T.A. que eu defendo e admiro é **aquela que se importa**, que se reconhece imperfeita e que – independentemente do status social, grau de escolaridade, ocupação, tempo disponível, crença ou procedência – presta atenção nos detalhes; entende o filho/a filha por um gesto, pela expressão do seu rosto; desvenda os segredos da filha/do filho sem que ele/ela precise compartilhá-los ou mesmo verbalizá-los; protege sem passar pano para os erros; repreende sem expor; olha se o dente está bem escovado; cobra horário; revisa cadernos; exige cuidados com a higiene, postura na mesa; cuida da roupa, do caráter; ensina hierarquia, retidão, controle do dinheiro, valores. É a mãe que não se esconde atrás do título e que jamais desperdiçaria seus preciosos segundos para cuidar de assuntos que não são seus, viver a vida que é do outro, acusar, julgar e sentenciar pessoas à revelia porque tem muito a fazer dentro da própria casa, cuidando do que lhe é mais sagrado: a família construída com tanto esforço.

O bonito no processo de entender a história é perceber que ela não está terminada. Agora, adotar uma postura diferente diante da vida requer forte convicção porque, como você sabe, toda mudança traz primeiro o susto do caos da dor para depois mostrar a beleza da (nova) ordem. Você tem que saber que estará sujeita a, em algum momento, ouvir do seu filho/da sua filha, coisas como: "Você é muito chata!", "Insuportável, você!", "Vou morar com o meu pai!", "Só você se preocupa com isso, faz assim, pensa deste jeito...", "Esta casa é uma prisão!", "Minha vida é um inferno!", "Eu não posso mais nada!", "Eu te odeio!". Prepare-se! Se e quando isso acontecer, será a hora de separar a mãe da mamãe – e aqui a "mamãe" não no sentido amoroso da palavra, mas a figura infantilizada, carente, sem estofo, sem eixo e estrutura para dar conta do momento de separação do filho/da filha. Vazia, ela põe o filho/a filha de novo dentro de si, criando uma dependência por meio do mimo e da superproteção e, para não ser considerada "chata", torna-se permissiva, abandonadora, negligente, fraca.

Não é fácil reconhecer a fraqueza, mas o lado bom de percebê-la é saber que podemos fortalecer nossas ideias, nossas emoções, nossas ações, nossos recursos, nossa rede social. Podemos nos ajudar. Força é construção. Isso vale para o corpo e para a mente.

Vamos, agora, explorar juntos o significado do acrônimo **C.H.A.T.A.**

O bonito do
processo de entender a
(sua) história é perceber
que ela não está terminada.
Você pode sim escrever uma
linda história para sua vida,
você é capaz, eu acredito
em você

Consciente

Humana

Amorosa

Tranquila

Autoconfiante

Consciente é ser capaz de pensar, sentir e agir racionalmente, reconhecendo a própria existência e interpretando as mais diversas questões que são inerentes à natureza humana. A mãe **consciente** é aquela que escuta com atenção o que as pessoas que lhe querem bem têm a dizer, aceita sugestões, é autocrítica, reflete sobre ideias, fatos e possibilidades. É capaz de reconhecer suas forças e fraquezas, seus erros e acertos, seus valores, limites, desejos e propósitos e que, para ser melhor a cada dia, se esforça, pede ajuda, medita, faz terapia, desenvolve a espiritualidade, busca meios de se conhecer profundamente. É aquela que tem um projeto de vida claro e plena consciência sobre o papel que exerce na família e na sociedade. É a mãe que se dá voz, vez e valor, fazendo valer sua existência.

Quero lhe apresentar Mirella Caputo Borges, psicóloga e professora apaixonada por ambas as profissões, mãe de Luma (8) e de Fabrizio (4), duas crianças incríveis. Veja o que ela nos conta:

Como educadora (alfabetizadora infantil) e psicóloga que sou, ainda antes de construir minha própria família, já observava os exemplos à minha volta e pensava sobre o tipo de mãe que eu seria um dia. A resposta veio para mim no exato momento em que peguei cada um dos meus filhos nos braços pela primeira vez. Com apoio total do meu marido, assumi a missão de fazer com que a Luma e o Fabrizio compreendessem, da forma mais clara possível, o ambiente à sua volta, o papel de cada integrante da família e internalizassem, desde bebês, hábitos e regras que, para alguns, podem parecer bobas, simples ou até desnecessárias, mas que vejo no dia a dia de sala de aula e de atendimento clínico o quanto são úteis para uma organização futura, para conseguir se colocar no lugar do outro, para ter uma vida estudantil e profissional de qualidade. Lá em casa, desde bem pequenininhos, cada um sempre teve suas responsabilidades dentro do que são capazes de fazer, de acordo com a idade que tem (cumprir horários, responder quando são chamados, pedir licença para sair da mesa, tirar seu próprio prato e levar à pia, pegar um brinquedo por vez e guardá-lo quando não quer mais brincar, por exemplo).

Mesmo durante a gestação, eu tinha consciência de que não daria conta de tudo sozinha; então planejei e organizei uma rede de apoio que funcionasse para nós e foi graças a ela que consegui ajustar minhas necessidades individuais às infinitas demandas da maternidade. Mas confesso que não foi de uma hora para outra que isso aconteceu. Deixar meus pequenos aos cuidados da "laia" (que é como eles chamam a vovó, minha mãe) para trabalhar foi um processo natural, mas deixá-los para cuidar de mim (médico, unha, cabelo, ginástica, café com uma amiga) levou mais tempo do que qualquer um de nós imaginávamos.

Sou bastante exigente com tudo, especialmente com as tarefas escolares (televisão desligada, silêncio, atenção, capricho, essas coisas) e meus filhos não têm tudo o que querem, não. Lembro-me de um dia em que fui comprar um tênis para o meu pequeno, ele viu uma bola e quis porque quis, mesmo tendo várias outras em casa. Reconheci com ele que aquela era uma bola muito bonita, muito diferente, mas expliquei que era cara e que ele não precisava dela naquele momento; se quisesse muito, teria que esperar para ganhar em uma data especial. Ele saiu de lá muito bravo, passamos por outra loja em que havia uma bola menor, com um valor também muito menor e que ele quis tanto quanto a outra.

Sabendo que ele não sabia diferenciar o caro do barato e que não entenderia por que eu diria não para uma e sim para outra, mantive a coerência: não precisávamos daquilo naquele momento. Ele chorou, ficou falando sobre o assunto por um tempo, mas acabou esquecendo – o que só reforça a certeza de que eles precisam do "não" para aprender.

Agora... Se eu surto de vez em quando? Surto. Ah, como surto... Nessas horas, peço desculpas, reconheço quando exagero, reforço que eles poderiam me ajudar a não ficar tão nervosa e escuto da minha filha de 8 anos: "Não, mamãe, você não precisa pedir desculpas porque você está certa". Se os elogios que recebemos de quem conhece nossas crianças e os boletins recheados de notas 9 e 10 não fossem suficientes para nos mostrar que estamos no caminho certo, a frase da minha filhinha seria mais do que suficiente para mim.

Perceba que uma mãe consciente não está isenta de dúvidas, dilemas ou dificuldades. Ao contrário, ela aceita o fato de que educar, formar uma vida, tem seus dilemas, seus desafios e dificuldades, Ela não exige de si a perfeição, mas nem por isso abre mão de formar seus filhos para serem pessoas boas, para se dedicarem àquilo que fizerem, pois estes são valores inegociáveis para ela. A mãe consciente não deseja saber tudo, mas não se esquiva de aprender sempre. Aliás, ela gosta de estudar: a si, os filhos, a vida. Ela é ávida por conhecimento, seja por meio de leituras, conversas com amigas, psicoterapia, filmes, podcasts. Seja qual for a fonte de saber, ela é sempre desejosa de mais. Assim, sendo aberta a aprender e a reaprender, se torna uma mãe mais preparada para viver, conviver, amar e educar.

Exercício ❸

Você é uma mãe CONSCIENTE? Vamos olhar isso mais de perto?

Marque um X na afirmação que se aplique **totalmente** a você. Ao final, some o número de marcações e vá adiante.

Tenha em mente que deixar em branco alguma (ou muitas) das afirmações da tabela abaixo não desqualifica você em absolutamente nada. Ser consciente é justamente conseguir olhar com maturidade para o que pode ser melhorado, mudado ou preservado. Seja gentil com você.

◯ **1.** Cada integrante da minha família tem um papel bem definido na minha casa e reconheço cada um deles.

◯ **2.** Elaboro regras claras a serem seguidas na minha casa.

◯ **3.** Permito que meu filho/minha filha conheça a rotina da nossa família.

◯ **4.** Compartilho ideias e escuto o que meu filho/minha filha tem a dizer antes de tomar uma decisão.

○ **5.** Delego a meu filho/minha filha funções e tarefas domésticas diárias de acordo com sua idade (colocar os brinquedos no lugar correto depois de brincar, ajudar a limpar o que sujou, arrumar a própria cama, guardar roupas, calçados e objetos pessoais, colocar e tirar a mesa, lavar a louça, levar o animal de estimação para passear etc.).

○ **6.** Consigo identificar perfeitamente as semelhanças e diferenças entre as pessoas da minha família.

○ **7.** Percebo claramente quando meu filho/minha filha não está bem, seja por uma questão de saúde física ou emocional.

○ **8.** Penso antes de agir quando eu ou os outros familiares estão mal emocionalmente.

○ **9.** Controlo minhas reações quando percebo que estou cansada demais.

○ **10.** Comparar meu filho/minha filha com pessoas de dentro e/ou de fora da família não é algo que eu faça.

○ **11.** Entendo as fases do desenvolvimento humano e ajo de acordo com as necessidades atuais do meu filho/da minha filha.

○ **12.** Identifico e reconheço (sem drama) minhas limitações, medos, exageros e imperfeições.

○ **13.** Gerencio minhas emoções de forma a não me deixar levar pela culpa.

- 14. Divido responsabilidades e assumo as minhas sem vitimismo.
- 15. Tenho rede de apoio para conciliar casa, família, trabalho, vida social e necessidades individuais.
- 16. Tiro um tempo para mim de vez em quando.
- 17. Cultivo hábitos que me fazem bem.
- 18. Respeito e considero a opinião de outras pessoas.
- 19. Sou aberta a novidades.
- 20. Aceito críticas e sugestões sem me sentir melindrada ou diminuída.
- 21. Sou autocrítica sem ser cruel comigo mesma.
- 22. Sou atenta ao que acontece ao meu redor, com pessoas que fazem parte da minha rotina ou que têm alguma influência na minha vida ou na vida dos meus filhos.
- 23. Preservo minha intimidade.
- 24. Preservo a intimidade dos meus filhos/das minhas filhas.

○ **25.** Preservo a imagem das pessoas que fazem parte da formação do meu filho/da minha filha, independentemente do afeto ou da proximidade que eu tenha com elas (pai, avós, tios etc.).

○ **26.** Conheço as habilidades, os pontos fortes e as fragilidades do meu filho/da minha filha.

○ **27.** Aceito meu filho/minha filha como é, respeitando sua individualidade, mas não deixo de corrigi-lo(a) e de ensiná-lo(a) sempre que necessário.

○ **28.** Educo meu filho/minha filha segundo os valores da minha família, sendo eu quem dá a última palavra.

○ **29.** Respeito, apoio e defendo a escola e os professores do meu filho/da minha filha.

○ **30.** Busco meios de me conhecer mais profundamente.

○ **31.** Cuido da minha saúde com alimentação adequada, exercícios físicos regulares e exames em dia.

○ **32.** Busco elevar os pensamentos, expandir a consciência, dialogar com Deus.

○ **33.** Sei dizer "não" quando necessário e o faço com leveza.

○ **34.** Agradeço mais do que peço.

- [ ] **35.** Evito julgar e só emito minha opinião quando conheço todos os lados da história.
- [ ] **36.** Evito falar mal dos outros.
- [ ] **37.** Fecho meus ouvidos a calúnias.
- [ ] **38.** Mudo quando percebo que estou errada.
- [ ] **39.** Tenho facilidade em pedir desculpas.
- [ ] **40.** Consigo me colocar no lugar do outro.

Total Consciente:

A mãe **CONSCIENTE**
é aquela que escuta com
atenção o que as pessoas que
lhe querem bem têm a dizer,
aceita sugestões, é autocrítica,
reflete sobre ideias, fatos
e possibilidades.

Consciente

Humana

Amorosa

Tranquila

Autoconfiante

Humano é o ser capaz de compreender o ciclo da vida, encontrar sentido na existência, viver em sociedade e se posicionar como parte de um mundo em constante evolução. Ao utilizarmos as nossas múltiplas inteligências como base para o desenvolvimento, conseguimos enxergar nós mesmos e os outros com prudência e generosidade, cientes de que erros e acertos fazem parte deste processo comum a todos.

A mãe **humana** é aquela que se reconhece imperfeita, que às vezes se sente perdida, que tem medo, que, de vez em quando, faz tudo errado, grita, perde o controle, pede perdão. Aquela que tem ataques de riso provocados pelo filho/pela filha nas horas mais impróprias, que chora sozinha no banheiro para ninguém ouvir, que dá mais duas voltas de carro antes de chegar em casa só para poder curtir uns minutinhos a mais consigo mesma. Aquela que, por vezes, abre mão do corpo, do cabelo, da unha em nome de algo maior e que, ao não se reconhecer no reflexo do espelho de uma loja qualquer, corre atrás para colocar a autoestima em dia e reverter o jogo porque sabe bem que aquela mãe perfeitinha, linda, magrinha, bem-resolvida, divertida, culta, que acerta todas e que entende de tudo **é aquela mãe que não tem filhos**!

Ser humana é se colocar no colo, saber reconhecer seus limites, entender que o filho/a filha não precisa fazer toda a lista de atividades extraclasse que existem, não precisa ter tudo ou todos os privilégios, nem o tênis mais legal ou um celular novo a cada lançamento para ter sucesso e ser feliz. É saber cuidar da própria felicidade – respeitando-se, olhando para sua saúde, entendendo que, não sendo você uma empresa de recreação e turismo, está desobrigada a ficar 24 horas à disposição – para ser capaz de ajudar o filho/a filha a buscar a felicidade dele/dela também. É a mãe que faz valer suas necessidades e que se permite achar formas de se recuperar da semana exaustiva. Cuidar da nossa humanidade é, sobretudo, um ato ético, afinal, para cuidar bem dos demais, precisamos cuidar bem de nós mesmos.

Conheça Aline Giani Santos de Lucena, farmacêutica com mais de 20 anos de experiência na indústria, que é mãe de Miguel (10), um menino admirável. Ela nos diz assim:

> Minha mãe engravidou muito cedo, e o fato de meus pais não estarem preparados para formar uma família fez com que eu crescesse consciente do que me fazia falta, do que me era mais caro, mais urgente, mais necessário para a segurança, a saúde e a alegria que se quer ter. Carreguei comigo um desejo instintivo de cuidar e, bem antes de o Miguel chegar na minha vida, iniciei um processo terapêutico que me ajudou e continua ajudando a manter um olhar generoso para os meus gostos, minhas necessidades, para o que me faz bem e me fortalece, sabendo que, quanto melhor eu me sinto, melhor cuido de quem precisa de mim. Coloquei a saúde e a individualidade no topo das prioridades e passei a exercitar o corpo (Pilates), cuidar da mente (terapia e Yoga), encontrar com as amigas e, pelo menos uma vez por mês, criar um momento a sós com meu marido (deixamos o Miguel com a avó), sabendo que a conexão, a intimidade e a sexualidade também precisam de atenção e de equilíbrio para que eu me sinta bem e atenda às demandas do meu filho como ele merece.
>
> Quando Miguel fez 6 meses de idade, foi para a creche e voltei a trabalhar. Quando ele tinha uns 2 anos, boa parte da nossa família se reuniu no teatro para assistir a uma apresentação das crianças da escolinha. Chegou a vez do Berçário, Miguel se viu naquele

lugar enorme, lotado e barulhento, começou a chorar e não parou mais. As pessoas perceberam minha agonia, pediram para eu ter calma, garantiram que seria passageiro, mas não consegui ficar inerte diante daquele choro sentido. Certa de que a expectativa dos adultos era algo que ele não podia atender naquele momento, contra tudo e todos, levantei, fui até lá, Miguel se jogou para mim e fiquei na beira do palco, dançando a música com ele soluçando, quietinho, no meu colo. Frustrei a família inteira que saiu de casa para ver nosso pequeno se apresentar, mas nunca me arrependi de tê-lo tirado daquela situação de puro medo.

É verdade que eu costumo perder o controle do tempo que Miguel fica no videogame, que tomo decisões equivocadas, que enfrento problemas que surgem aqui e ali e que certamente tenho lugar de honra na lista das "piores mães" quando o assunto é lancheira saudável, já que cedo ao paladar restrito do meu filho. Por outro lado, não sou a mãe que grita, que não ouve, que intimida o filho em público, que se compara, se intromete, que discute com professores, briga para defender, perde o sono, a paciência, a linha. Encaro a vulnerabilidade (dos pais e dos filhos) como algo natural e saudável, peço ajuda quando preciso e me mantenho disposta a me ajustar para ser melhor. Adoro o que faço. Cuido da minha família, amo ser mãe e chamo de "humanidade" aquilo que nos torna capaz de entendermos o outro e de nos conectarmos.

Com humanidade, alcançamos a sabedoria, pois percebemos que, para amar o outro, precisamos ser capazes de amar a nós mesmos. Uma mãe humana é sobretudo carinhosa consigo, ela sabe comemorar quando acerta e não pega pesado consigo quando erra. Ela age com si mesma da mesma forma como agiria com sua melhor amiga e, desta autoamizade, nasce um compromisso com uma forma de amor muito poderosa, pois quem ama a si, ama melhor os demais.

Exercício ❹

Como você tem exercitado, exercido e encarado sua HUMANIDADE?

Mais uma vez, marque um X na afirmação que se aplique **totalmente** a você. Ao final, some o número de marcações e siga em frente.

Vale lembrar que não há certo ou errado. Suas respostas apenas evidenciarão sua humanidade. Seja gentil com você.

○ **1.** Perco o sono ou acordo no meio da noite quando tenho um problema mal resolvido, por resolver ou aparentemente sem solução.

○ **2.** Em casa ou em público, perdi a paciência muitas vezes com meu filho/minha filha.

○ **3.** Já gritei ou costumo gritar com meu filho/minha filha.

○ **4.** Já senti dó de mim mesma e chorei sozinha.

○ **5.** Já descontei minha raiva ou frustração no meu filho/na minha filha de forma injusta.

6. Já esqueci de me olhar no espelho e de cuidar de mim para conseguir cuidar do filho/da filha, da casa, do trabalho e de tudo o que vem junto com isso.

7. Já senti vontade de largar tudo e correr, fugir, desaparecer.

8. Já cedi a vontades descabidas ou exageradas do meu filho/da minha filha para fazê-lo(a) feliz.

9. Já abri mão de necessidades pessoais e/ou familiares para comprar o que meu filho/minha filha queria.

10. Costumo questionar minhas ações quando vejo exemplos de amigas ou de personalidades da internet.

11. Peço ajuda quando não me sinto bem ou quando vejo que não vou dar conta de tudo sozinha.

12. Já me senti constrangida pela forma como falei ou agi.

13. Já julguei errado e pedi perdão.

14. Desperdicei tempo útil para cuidar do que não pertencia à minha vida ou à minha família.

15. Investi em coisas desnecessárias para que meus filhos não se sentissem diferentes ou inferiores a outras crianças e/ou para que eu me igualasse a outras mães.

- [ ] **16.** Ataquei (a escola, o professor, a mãe do amiguinho) para defender meu filho/minha filha sem ouvir o outro lado.
- [ ] **17.** Tenho facilidade em admitir erros, pedir desculpas e aprender com eles.
- [ ] **18.** Reconheço minhas imperfeições e busco formas práticas para ser melhor a cada dia.
- [ ] **19.** Já perdi meu filho/minha filha de vista em um lugar público (praia, shopping, feira, parque etc.).
- [ ] **20.** Já esqueci de buscar meu filho/minha filha em algum compromisso (escola, ballet, judô, natação, inglês, casa da amiga etc.).
- [ ] **21.** Já mandei meu filho/minha filha para a escola com lanche zero saudável ou sem lanche algum.
- [ ] **22.** Com regularidade, deixo meu filho/minha filha sob a supervisão de algum adulto responsável e faço algo por mim (encontro com amigos, compras, cursos, terapia, cabeleireiro etc.).
- [ ] **23.** Já culpei os outros pelo meu cansaço ou insatisfação.
- [ ] **24.** Já falei mal, para o meu filho/minha filha, de alguém que tenha vínculo familiar com ele/ela.
- [ ] **25.** Já me arrependi do que disse a meu filho/minha filha e busquei formas de remediar o erro.

◯ **26.** Perco o controle do tempo que meu filho/minha filha se dedica a jogos, séries, filmes, vídeos e interações em redes sociais.

◯ **27.** Já omiti minha opinião para não me indispor com meu filho/minha filha.

◯ **28.** Não percebi os sinais dos problemas que meu filho/minha filha vinha enfrentando porque não o(a) acompanhei de perto.

◯ **29.** Já agi como amiga quando deveria agir como mãe.

◯ **30.** Por ciúmes, já interferi no relacionamento do meu filho/da minha filha com alguém além de mim.

◯ **31.** Já invadi a privacidade do meu filho/da minha filha desnecessariamente.

◯ **32.** Já negligenciei meu parceiro/minha parceira em nome do filho/da filha.

◯ **33.** Já disputei a atenção do meu filho/da minha filha com outras pessoas.

◯ **34.** Já me envolvi em situações que deveriam ser resolvidas exclusivamente por meu filho/minha filha.

◯ **35.** Costumo superproteger meu filho/minha filha.

◯ **36.** Costumo infantilizar meu filho/minha filha.

- ◯ **37.** Converso menos do que poderia e deveria com meu filho/minha filha.
- ◯ **38.** Não tenho paciência para ouvir o que meu filho/minha filha tem a dizer.
- ◯ **39.** Escolho sempre o caminho mais fácil e confortável para resolver questões que envolvam meu filho/minha filha.
- ◯ **40.** Cuidar do meu filho/minha filha já ocupou ou vem ocupando 100% do meu tempo.

Total Humana:

A mãe **HUMANA**
é aquela que se reconhece
imperfeita, que às vezes se
sente perdida, que tem medo,
que, de vez em quando, faz
tudo errado, grita, perde o
controle, pede perdão.

Consciente

Humana

Amorosa

Tranquila

Autoconfiante

Amor é uma das emoções mais complexas, profundas e benéficas entre todas as que são processadas e experienciadas pelo ser humano. A capacidade que temos de catalisar diferentes sentimentos altamente positivos e transformá-los nesta emoção única e poderosa nos permite que olhemos além de nós mesmos para oferecer ao outro o que temos de melhor.

A mãe **amorosa** é aquela que sabe dar carinho como ninguém; que oferece o mais aconchegante dos colos; que conhece a pressão certa do abraço; que usa o tom certo quando o que se quer é serenidade e confiança; que busca as melhores referências, os melhores profissionais, mas não abre mão do seu arsenal particular de medicamentos caseiros, receitas antigas, simpatias, crenças, orações, tradições familiares; que tem termômetros de todos os tipos e tamanhos em casa, mas confia mesmo é na temperatura que sente ao encostar os lábios na testa do filho. É aquela que, ao pentear o cabelo da filha, auxiliar seu menininho no banho, arrumar um guarda-roupa, juntar os brinquedos, guardar os sapatos, fazer uma comida em conjunto, constrói momentos de intimidade, de aprendizado, de conexão. É a mãe que percebe que, por melhor e mais fofa que seja, não terá todas as respostas; que o filho/a filha vai errar, fazer bagunça, aprontar poucas e boas e demorar para ter dentes, para aprender a falar, caminhar, passar de ano, tirar carta de motorista, passar no vestibular, superar uma dor, amadurecer. Entende que o filho/a filha é um ser que está fora dela e que cada um(a) precisa ser amado(a) por si mesmo, pelo que é, com a consciência tranquilizadora de que uma das coisas mais maravilhosas que se pode fazer nesta vida é aceitar a natureza imprevisível, intangível e incontrolável do outro.

Quero, agora, que você conheça Maria Grazia Dominco Kimizuka, educadora especialista em alfabetização infantil, mãe de Grazimar (51) e de Graziane (49), duas filhas "de ouro":

> Amor não é somente sentimento, é verbo de ação, transformação. Pelas imposições da Segunda Guerra, meus pais acompanharam parte da família em busca de uma terra de paz para mim e meu irmão, deixando para trás tudo o que tinham conquistado na Itália e começando do zero no Brasil. Aprendi a amar com eles. Cresci ajudando a cuidar de tudo o que era nosso: nossa casa, nosso trabalho, nossa gente. Mais tarde, entrei para o mundo da educação por vocação e me dediquei à alfabetização pelo instinto maternal que sempre existiu em mim.
>
> Para quem, como eu, sempre sonhou ser mãe, ficar grávida, sentir o bebê crescer e se desenvolver, ouvir as batidas do coração e viver todas as experiências da maternidade, da concepção ao nascimento daquele ser tão aguardado, é uma emoção indescritível. Fui abençoada duas vezes com essa alegria e assumi com naturalidade a responsabilidade de me dedicar *full time* a elas pela vida toda. Sempre serei mãe. Minhas filhas são adultas, mas não consigo falar no passado quando penso no tipo de mãe que sou.
>
> Sou aquela que acorda de madrugada para ver se está tudo bem, que dorme ao lado da filha doente para monitorar, que prepara os alimentos, faz os pratos pensando no que cada uma gosta, que leva e busca na escola e na balada (ok, isso ficou para trás), que cuida das roupas, lavando e passando cada peça com carinho, que ajuda a estudar, leva ao médico para exames periódicos,

providencia aparelhos ortodônticos, óculos e o que for para que fiquem bem; aquela que sempre buscou educar por meio da ética, de valores, princípios, respeito, religião, bondade, caridade; que não dá bronca ou briga na frente dos outros, mas que corrige, ensina, sabe ser rígida e não negligencia os erros porque uma mãe amorosa zela, protege dos perigos, ensina sobre a vida, dá apoio, enxuga as lágrimas, sorri e celebra junto as vitórias. Amor é carinho, beijos, brilho nos olhos, coração cheio. Sempre disse às minhas filhas que tudo pelo amor é mais fácil do que pela dor, que o amor tem o poder de transformar e que não existe uma cartilha que nos ensine a ser mãe. Fazemos o melhor que podemos e nem sempre aceitamos tudo.

Ser mãe é uma via de mão dupla, pois os filhos nos ensinam demais e amar é uma resolução constante. Foi esta consciência que me manteve viva quando complicações decorrentes de uma vasculite levou embora uma de minhas pernas. É a força do amor que me faz encarar a prótese, a cadeira de rodas e a nova realidade como um presente divino: recursos que me permitem ir e vir, ser quem sou e, hoje, ajudar na educação do meu neto Lorenzo, a quem amo de paixão.

Ser uma mãe amorosa é ser uma mãe presente e, com presença, saber escutar o próprio coração, prezar os próprios valores. Isso ajuda muito, sobretudo naqueles momentos em que os filhos protestam sobre os limites que lhes são impostos, dizendo coisas que por vezes até machucam: “Sua chata!”, “Você tá vendo noticiário demais!”, “Você quer tudo do seu jeito!”. Ela escuta, reflete e, quando é o caso, sabe ceder, mas, quando está certa no seu coração, avança com firmeza, impondo sim os necessários limites. Pois nada limita mais a vida de um filho do que o abandono, que ter alguém que não se importa de verdade em lhe educar.

Exercício 5

Você se reconhece como sendo uma mãe AMOROSA?

Então vamos lá: marque um X na afirmação que se aplique **totalmente** a você. Ao final, some o número de marcações e vá adiante. Seja gentil com você.

○ **1.** Acordo no meio da noite, a hora que for, para cuidar do meu filho/minha filha.

○ **2.** Não chamo a atenção do meu filho/minha filha na frente de outras pessoas; trato assuntos particulares na intimidade do nosso lar.

○ **3.** Ensino meu filho/minha filha a ter bons hábitos de higiene e cuido para que os pratique todos os dias.

○ **4.** Ensino meu filho/minha filha a comer sozinho(a) e a se comportar à mesa, seja em casa, na casa de alguém, em um evento ou em um restaurante.

○ **5.** Cuido para que meu filho/minha filha esteja sempre com roupas limpas, bem cuidadas e adequadas para a ocasião ou estação.

- ◯ **6.** Cuido para que meu filho/minha filha faça as refeições nos horários certos e se alimente com o que houver de mais saudável.

- ◯ **7.** Acompanho (de perto ou de longe) a realização das tarefas, atividades e compromissos diários do meu filho/minha filha.

- ◯ **8.** Acompanho o rendimento escolar e o comportamento em sala de aula do meu filho/da minha filha.

- ◯ **9.** Oriento meu filho/minha filha com relação à segurança – sua, de sua família e dos outros.

- ◯ **10.** Ensino meu filho/minha filha a ser gentil com qualquer pessoa, especialmente com os mais humildes.

- ◯ **11.** Ensino meu filho/minha filha a respeitar os mais velhos e dar exemplo aos mais novos.

- ◯ **12.** Oriento meu filho/minha filha a ouvir com atenção, a pensar antes de falar e fazer para o outro o que gostaria que fizessem para si mesmo(a).

- ◯ **13.** Mantenho minha casa limpa, arejada e confortável para que meu filho/minha filha sinta-se bem e valorize nosso lar.

- ◯ **14.** Ensino meu filho/minha filha a defender suas ideias, lutar pelo que acredita e buscar seus sonhos.

○ **15.** Festejo as conquistas do meu filho/da minha filha e o(a) acolho sem reservas nas adversidades.

○ **16.** Utilizo meu conhecimento e minha experiência de vida para acalmar meu filho/minha filha e sugerir caminhos alternativos para a resolução de problemas.

○ **17.** Ensino meu filho/minha filha a orar e a agradecer.

○ **18.** Sigo orientações médicas à risca para garantir que meu filho/minha filha tenha a melhor qualidade de vida possível.

○ **19.** Corrijo meu filho/minha filha com rigor, sem humilhá-lo(a) e dando a chance de fazer certo nas próximas oportunidades.

○ **20.** Cuido para que meu filho/minha filha tenha a autoestima em dia, sem se sentir nem mais, nem menos do que ninguém.

○ **21.** Valorizo cada pequeno gesto de bondade praticado por meu filho/minha filha.

○ **22.** Ensino valores a meu filho/minha filha.

○ **23.** Exijo que meu filho/minha filha tenha sempre compromisso com a verdade.

○ **24.** Oriento meu filho/minha filha a cumprir suas obrigações com atenção, capricho e responsabilidade.

- **25.** Incentivo e auxilio meu filho/minha filha na construção do seu projeto de vida.
- **26.** Perdoo toda e qualquer falha reconhecida por meu filho/minha filha.
- **27.** Incentivo meu filho/minha filha a estudar, aprender e se desenvolver durante toda a vida.
- **28.** Demonstro, com gestos, palavras e ações, meu amor por meu filho/minha filha.
- **29.** Mantenho-me firme na posição de defensora-mor dos direitos, deveres e planos do meu filho/da minha filha.
- **30.** Concedo a meu filho/minha filha o direito de errar, de ser corrigido(a) e de aprender.
- **31.** Cultivo o bom humor, as brincadeiras, a intimidade e a confiança com meu filho/minha filha.
- **32.** Protejo meu filho/minha filha de assuntos/informação/conteúdo que não sejam próprios para sua idade.
- **33.** Valorizo e ajudo meu filho/minha filha a preservar os sentimentos mais puros que ele/ela tem.
- **34.** Aceito meu filho/minha filha exatamente como ele/ela é, sem querer mudar sua essência.

○ **35.** Ensino meu filho/minha filha a aceitar as diferenças como algo natural e positivo.

○ **36.** Entendo que meu filho/minha filha é meu/minha, mas não me pertence.

○ **37.** Vejo a boa educação do meu filho/da minha filha como presente que eu poderia dar ao mundo.

○ **38.** Fazer algo específico para meu filho/minha filha (como preparar sua comida preferida, comprar um presente muito desejado, quebrar a rotina para ficarmos juntos) é um dos maiores prazeres da minha vida.

○ **39.** Orgulho-me de conhecer meu filho/minha filha pelo olhar.

○ **40.** Reconheço-me como a maior referência no que diz respeito a cuidado, carinho, proteção e amor que meu filho/minha filha tem na vida.

Total Amorosa:

A mãe **AMOROSA**
é aquela que sabe dar
carinho como ninguém, que
oferece o mais aconchegante dos
colos, que conhece a pressão
certa do abraço, que usa o
tom certo quando o que
se quer é serenidade
e confiança (...).

Consciente

Humana

Amorosa

Tranquila

Autoconfiante

Tranquilidade é o resultado do equilíbrio entre pensamentos e emoções proporcionado por uma química (belíssima) envolvendo aminoácidos e neurotransmissores que inibe e desacelera nossa atividade mental, modula as contrações musculares e controla nossos hormônios. A tão desejada sensação de calma, de relaxamento e de paz que a tranquilidade nos dá depende principalmente das escolhas que fazemos no dia a dia: o que pensamos, o que comemos, o que bebemos, o estilo de vida que adotamos.

A mãe **tranquila** é aquela que age de forma segura, empática, calma, construindo hábitos de algum repouso aqui, algum silêncio ali, de um "agora não", um "quem sabe outro dia". Aquela capaz de perguntar não se "pode pagar", mas se **quer pagar**; não se "todo mundo faz", mas se **concorda com aquilo**; não se "o filho/a filha quer", mas se **é bom para ele/ela**; e que se propõe a repetir como um mantra a grande pergunta: **"Isso é verdadeiramente bom para o desenvolvimento do meu filho/da minha filha?"**.

Não se trata do que ele/ela quer, nem do que eu estou com vontade hoje, mas de trilhar um caminho mais consistente para um critério de decisão realmente edificante. Uma mãe tranquila enxerga melhor, escuta melhor, pensa melhor e, consequentemente, age de forma mais assertiva e acertada, o que garante o estímulo e a proteção de que a criança e o adolescente tanto precisam. É o que justifica a decisão de não fazer um RG falso, de não deixar comer o terceiro chocolate do dia, de fazer o filho/a filha largar o celular, o tablet, o computador na hora das refeições, durante as conversas em família, antes de dormir. A mãe tranquila conhece seus direitos e deveres, conhece o filho/a filha como ninguém e, por isso, é seu maior, se não único, porto seguro.

Conheça Luciana Cestari Montoro Lazzaro, mãe dos quadrigêmeos Isabela, Stella, Felipe e Thomas (19) que encantam a todos que os conhecem. Ela diz assim:

Acreditando que uma criança que sabe **o que** e **como** as coisas acontecem no seu dia a dia tem uma chance bem maior de ser tranquila e colaborativa, meu esposo e eu fizemos disso ponto de partida para educar os quatro filhos que chegaram juntos na nossa vida. Desde muito pequenos, sem espaço para pensarem: "E agora, o que será que acontece?", eles foram aprendendo a hora de fazer as refeições, de descansar, de brincar, de fazer lição, de tomar banho, de dormir e, assim, internalizando a rotina da nossa casa, foram criando um senso de disciplina que acompanhou cada um deles vida afora.

Como educadora que sou (por vocação e profissão), ensiná-los foi, é e sempre será uma das minhas maiores alegrias. Quando tinham cerca de 5 anos, por exemplo, aproveitei a área útil superampla do prédio onde moramos para ensinar os quatro a andar de bicicleta: enquanto eu dava algumas voltas com um até que ele pegasse o jeito, os outros três aguardavam, com muita paciência, pela sua vez de passar pelo treinamento. Assim que todos aprenderam bem, botei as quatro bicicletinhas no carro e fui com eles para o Parque do Ibirapuera sem mais nenhum adulto comigo e sem nenhuma dúvida de que eles entenderiam as regras e me obedeceriam. Naquele dia, desci do carro, disse aos quatro: "Olhem, a mamãe está sozinha com vocês e a gente vai andar de bicicleta, então tem que ir todo mundo para o mesmo lado para ninguém ficar longe; se um for um pouquinho mais para frente, tem que parar e esperar os outros" e deu tudo certo: passeamos, nos divertimos e voltamos para casa sem nenhum problema ou qualquer incidente ruim para contar.

Quando pequenos, eles todos se sentavam em torno da mesma mesa, no mesmo horário, para fazerem as lições e eu ficava por ali, auxiliando no que fosse preciso — mas, ai de mim, se ousasse ensinar de um jeito diferente do que tinha sido explicado em sala de aula! "Não, não, mamãe! Assim não. Você pode ser professora, mas a minha ensinou de outro jeito", diziam eles. E eu me virava para fazer o mais igualzinho possível do que eles tinham em mente, o que não era fácil.

Um pouco maiores, já com as provas, obviamente cada um passou a trazer uma nota diferente do outro, ainda que tivessem o mesmo estímulo, as mesmas ferramentas e o mesmos hábitos de estudo. Sem jamais fazermos comparação entre eles, perguntávamos: "Esta nota foi o seu melhor? Você estudou o suficiente para isso? Então tudo bem". Eles entendiam que são diferentes, que uns têm mais facilidade para umas coisas, outros para outras e está tudo certo. "Se está com dificuldade em alguma matéria, conteúdo ou questão específica, pede ajuda; agora, mas se este é o seu melhor, para mim está bom também", eu dizia lá atrás e sigo dizendo até hoje.

Reconheço a importância do meu papel de mãe nesse processo e imagino que uma pessoa que não goste de rotina talvez não consiga instituir uma dinâmica parecida com a minha, mas antes que alguma mãe leve as mãos à cabeça e se pergunte como fiz algo tão exaustivo parecer fácil, preciso deixar claro que esta tranquilidade que carrego só foi possível por conta da personalidade que eles têm; os quatro, antes de qualquer coisa, sempre foram muito da paz, o que permitiu que crescessem disciplinados e responsáveis com tudo o que fazem na vida. Adoro ver como cada um vem se saindo na fase de faculdade, de estágio, de trabalho. Serem reconhecidos e felizes é mérito deles. Acompanhar isso de perto é privilégio nosso.

Exercício 6

Você consegue ser uma mãe TRANQUILA e ser percebida como tal?

Você já sabe: marque um X na afirmação que se aplique **totalmente** a você. Ao final, some o número de marcações e avance. Seja gentil com você.

○ **1.** Quando meu filho/minha filha adoece, entendo que aquilo faz parte da vida, ajo com calma e racionalidade, assegurando a todos que tudo ficará bem (porque de fato acredito que ficará).

○ **2.** Costumo respirar de forma consciente diante de uma dificuldade, de um confronto e/ou antes de tomar uma decisão.

○ **3.** Escuto com atenção o que o outro diz, independentemente da situação.

○ **4.** Quando falo, me expresso de forma clara, pausada, em tom moderado.

○ **5.** Cultivo o filtro da empatia, ou seja, me coloco no lugar do outro.

○ **6.** Recebo notícias difíceis, tristes ou revoltantes com serenidade.

7. Quando meu filho/minha filha erra, consigo expressar o que sinto e penso de forma equilibrada, sem esquecer que errar pode ser benéfico para qualquer pessoa.

8. Cultivo hábitos saudáveis e pratico técnicas de autoconhecimento e de bem-estar que beneficiam a calma e a paz de espírito.

9. Vigio meus pensamentos e controlo minhas ações o tempo inteiro.

10. Posiciono-me diante de qualquer situação contrária às minhas crenças e valores e sou respeitada por isso.

11. Quando há um problema, consigo enxergar além do fato em si: percebo o que está por trás dele, quem está envolvido, por que aconteceu e qual a melhor alternativa para resolvê-lo, levando em conta as variáveis.

12. Quando me deparo com uma questão que me tira do eixo e que parece não ter solução, ponho o assunto de lado até que minhas emoções estejam controladas e eu enxergue a melhor saída.

13. Sou reconhecida por ser o principal ponto de apoio do meu filho/da minha filha.

14. Vejo graça nas mais diversas situações do dia a dia e me divirto com muito do que costuma tirar outras mães do sério.

15. Abstraio informações, críticas, sugestões e comentários desnecessários sem me indispor.

- [ ] **16.** Quando sei que estou certa, mantenho minhas decisões em qualquer situação, sem ceder a chantagens emocionais, pressão social e/ou familiar.

- [ ] **17.** Sou movida a objetivos claros e bem definidos.

- [ ] **18.** Enxergo minhas falhas como oportunidades de aprender e mudar para melhor.

- [ ] **19.** Enxergo falhas alheias como mera comprovação de que estamos todos sujeitos à mesma sorte.

- [ ] **20.** Busco expandir minha consciência e desenvolver a espiritualidade.

- [ ] **21.** Sou aberta a inovações e descobertas que privilegiam a saúde e o bem-estar.

- [ ] **22.** Faço uma leitura bastante acurada das pessoas, dos lugares e das situações.

- [ ] **23.** Sou reconhecida pelo uso do bom senso nas mais diversas situações.

- [ ] **24.** O ambiente da minha casa é calmo, claro, harmonioso.

- [ ] **25.** As pessoas dizem sentirem-se bem na minha companhia.

- [ ] **26.** Discordo de ideias e de atitudes que considero ruins sem necessariamente enfrentar, expor ou constranger a pessoa ou as pessoas envolvidas.

◯ **27.** No trânsito, sou o tipo de motorista que prefere música a notícias, que dá passagem a quem precisa, não responde a xingamentos e que acha desnecessário buzinar para quem eventualmente erre à minha volta.

◯ **28.** No grupo de WhatsApp de pais da escola do filho/da filha, sou a mãe que aproveita bem as informações relevantes, diverte-se com as figurinhas, participa de trocas de gentilezas e que se coloca absolutamente contra movimentos que levem ou possam levar a linchamentos virtuais envolvendo qualquer pessoa, tenha ela a idade que for, sendo ela culpada ou inocente.

◯ **29.** Nas reuniões de pais da escola do meu filho/da minha filha, sou a mãe que escuta o que o(a) professor(a) tem a dizer sem interrompê-lo(a) e trato questões individuais no particular.

◯ **30.** Acompanho meu filho/minha filha de perto e gerencio o que ele/ela pode e não pode consumir, comprar, fazer.

◯ **31.** Ciente de que estou fazendo o melhor para o meu filho/minha filha, digo "não" sempre que algo esteja em desacordo com nossas regras, nossos valores, nossos planos ou nossa condição financeira.

◯ **32.** Preservo e/ou defendo publicamente qualquer pessoa ou instituição que esteja diretamente ligada à formação do meu filho/da minha filha, independentemente da opinião dos outros ou de alguma ressalva que eu mesma possa ter em relação a esta pessoa ou instituição.

○ **33.** Tenho baixa tolerância com pessoas maledicentes, pessimistas, alarmistas ou mentirosas; assim, evito cada uma delas quando as identifico.

○ **34.** Birra, teimosia, manha, chilique, acesso de raiva e qualquer outro mal comportamento que meu filho/minha filha possa apresentar eu encaro como parte do desenvolvimento e trato com seriedade e carinho.

○ **35.** Adapto-me facilmente a mudanças inesperadas (de opinião, de trajeto, de planos, de rotina, de casa, de escola, de trabalho).

○ **36.** Quando estou diante de uma situação estressante, respiro algumas vezes, me conecto com meu equilíbrio e só depois escolho a melhor atitude.

○ **37.** Encaro os mistérios da existência como oportunidades de grandes descobertas.

○ **38.** Acredito na força transformadora da energia que move a vida e o mundo, na vibração que emitimos e na interligação entre os seres.

○ **39.** Valorizo mais o que meu filho/minha filha faz do que o que ele/ela diz.

○ **40.** Acredito que a bondade é mais forte do que a maldade, que as chances de vencer são maiores do que as de perder, que o perdão é mais forte do que a culpa, que o amor supera a dor e assim educo meu filho/minha filha.

Total Tranquila:

A mãe **TRANQUILA**
é aquela que age
de forma segura,
empática, calma (...).

Consciente

Humana

Amorosa

Tranquila

Autoconfiante

A palavra "confiar" (com + fiar) é usada no sentido de indicar o fio conectado à própria pessoa. Autoconfiança, portanto, é a capacidade que temos de identificar nossas habilidades, de entender como podemos fazer o melhor uso possível de cada uma delas e de acreditar na condição plena que temos de realizar o que quisermos por nós mesmos, independentemente do grau de dificuldade. Quanto mais nos conhecemos, mais confiamos no nosso potencial.

A mãe **autoconfiante** é aquela que confia em si mesma, na força das suas ideias, no poder das suas palavras, no resultado positivo das suas ações, em quem participa com ela da criação do filho/da filha, na escola, nas pessoas à sua volta, no seu propósito de vida, na proteção e no amparo que vem de Deus. É aquela que, diante de qualquer situação que demande sua presença e atitude – seja ela exultante, ruidosa ou conflituosa –, consegue enxergar a verdade, se posicionar e agir de forma justa.

Faz isso não porque carrega aquele otimismo frágil de quem pensa que as coisas se sairão bem de qualquer jeito, mas porque conhece detalhadamente cada pedacinho do fio que a conecta ao filho e sabe a força que ele tem. Por mais perigoso que seja o mundo em que vivemos, por maiores que sejam os desafios e piores as dificuldades, a mãe autoconfiante fará sempre o seu melhor porque sabe que uma mãe dá conta porque não faz conta sobre o tamanho do seu amor.

Agora, conheça Mirian Magnusson de Carvalho, educadora vocacionada e mãe de filhos incríveis: a Giulia (19) e o Luccas (17). Ela nos conta o seguinte:

Desde pequenos, sempre conversei com meus filhos sobre o que poderiam ou não fazer. Quando Luccas tinha cerca de 2 anos, nos aprontamos para ir ao shopping e, antes de sair, avisei que só iríamos passear e almoçar e que não compraríamos nada. Passamos pela loja de brinquedos e, ao caminhar pelos corredores, ele viu uma pista de Hot Wheels que quis na hora. Relembrei o combinado, mas não adiantou: ele começou a chorar e a pedir de forma ainda mais insistente. Me abaixei para ficar na sua altura, conversei mais uma vez e, para minha surpresa, ele se jogou no chão e começou a gritar. Respirei, levantei, chamei pelo seu nome e avisei que estava indo embora. Ele continuou no chão, se debatendo e gritando.

Já de costas, avisei mais uma vez, segui em frente (rezando para ele vir atrás de mim) e, finalmente, o choro parou, ouvi a voz que chamava pela mãe, virei e segurei a mãozinha estendida enquanto ele enxugava as lágrimas com a outra. Abaixei mais uma vez, expliquei o que tinha acontecido, pedi a ele que nunca mais fizesse aquilo e o episódio nunca mais se repetiu.

Meus filhos sempre foram bons alunos e minha cobrança nunca foi por notas, mas sim por comprometimento. Quando Giulia estava no 4° ano, começou a se mostrar um pouco displicente com seus materiais e com o estudo. Conversei, orientei e nada. Havia uma atividade de integração chamada "Acantonamento" que acontecia uma vez por ano com os alunos do Ensino Fundamental e que era muito esperada por todos porque eles dormiam em barracas, dentro da escola, de sábado para domingo, realizando diversas atividades recreativas nesse período.

Avisei à Giulia que participar do tão esperado "Acantonamento" dependeria apenas do seu desempenho. Bem, ela não se empenhou o suficiente. No dia da atividade, tínhamos uma festa de aniversário envolvendo outras mães e duas de suas amigas e, por esse motivo, foi solicitada uma autorização no colégio para que as três meninas entrassem no "Acantonamento" à noite. Em regime de exceção, a escola liberou a entrada das três, mas Giulia, que não tinha cumprido nosso combinado, não foi autorizada por mim a participar. Ao sairmos da festa, suas amigas foram para a escola e ela para casa. Não cedi aos pedidos, ao choro, à tristeza e nem mesmo à pressão de outras mães amigas que vieram conversar comigo. Em casa, expliquei que a vida é feita de escolhas e que ela tinha escolhido não participar da atividade. Giulia ficou bastante chateada, mas entendeu que palavra de mãe é uma só.

A autoconfiança é uma construção. Interessantemente uma das formas mais poderosas de educar um filho para que se torne autoconfiante é se ouvir, se respeitar, agir de forma íntegra, ou seja, integrada com si mesma. Há muitas pessoas que se perdem diante das pressões sociais, do momento, das opiniões alheias. Uma mãe autoconfiante sabe que, às vezes, será incompreendida; que por vezes será mal interpretada, pois ela age de acordo com valores próprios. Sua bússola é interna e não se apequena diante de pressões, opiniões que não lhe fazem sentido. No fim do dia, essa mãe acaba percebendo que tem o seu jeito, a sua verdade, o seu modo de educar. Com autoconhecimento, ela se torna mais capaz de fazer uma boa autogestão de suas emoções, se torna mais eficaz para si mesma, e tudo isso se revela em uma maior autoestima.

Exercício 7

Como está sua AUTOCONFIANÇA no exercício do seu papel de mãe?

Novamente, marque um X na afirmação que se aplique a você, considerando as situações em sua vida de modo geral. Ao final, some o número de marcações e siga as instruções para avaliar seus resultados.

○ **1.** Conheço meus talentos e sei como fazer bom uso de cada um deles.

○ **2.** Conheço as habilidades e as dificuldades do meu filho/minha filha e sei como orientá-lo(a) para que se desenvolva e busque sua felicidade.

○ **3.** Vivo de acordo com a minha cabeça, sem me comparar com mais ninguém.

○ **4.** Cuido do meu corpo para me manter saudável, atlética e bonita.

○ **5.** Cuido da minha mente para não me deixar conduzir por pensamentos desnecessários, mantendo-me equilibrada e consciente.

- ◯ **6.** Tenho compaixão por mim mesma a ponto de não ser dura demais nos meus exercícios de autocrítica.

- ◯ **7.** Enfrento meus medos de frente e não me deixo levar pela dúvida.

- ◯ **8.** Confio plenamente no meu filho/na minha filha porque conheço sua índole como ninguém.

- ◯ **9.** Desafio pensamentos negativos, que não pareçam adequados ou que eu não reconheça como sendo meus, propondo o contrário do que eles dizem.

- ◯ **10.** Vivo intensamente e aproveito as oportunidades que a vida me dá para ser feliz e ensino meu filho/minha filha a ter a mesma predisposição.

- ◯ **11.** Deixo o passado para trás e coloco minha atenção e energia no momento presente, incentivando meu filho/minha filha a fazer o mesmo.

- ◯ **12.** Controlo meu temperamento para que ele não sabote a confiança que tenho em mim.

- ◯ **13.** Observo as pessoas e diferencio um feedback construtivo de um apontamento que diga mais sobre o outro do que sobre mim.

- ◯ **14.** Valorizo e celebro cada conquista – minha, do meu filho/da minha filha e de quem mais faz parte da minha vida.

- ◯ **15.** Entendo que a imperfeição é o que nos faz humanos, aprendendo sempre.

- [ ] **16.** Sou espontânea e autêntica o tempo todo, em qualquer circunstância ou lugar.
- [ ] **17.** Sei receber e internalizar elogios sem me deixar levar pela vaidade ou pela arrogância.
- [ ] **18.** As qualidades e os talentos do meu filho/ da minha filha chamam mais minha atenção do que suas fragilidades e dificuldades.
- [ ] **19.** Problemas, para mim, precisam ser resolvidos o mais rápido possível para que eu não os carregue por mais tempo do que o necessário.
- [ ] **20.** Escolho estar na companhia de pessoas positivas.
- [ ] **21.** Reconheço cada esforço, cada palavra, cada gesto meu que tenha contribuído para a formação integral do meu filho/da minha filha.
- [ ] **22.** Percebo o quanto meu papel de mãe é importante dentro de casa, na minha família, na escola do meu filho/da minha filha e no nosso círculo social.
- [ ] **23.** Sou tratada como referência no que diz respeito à maternidade e tenho orgulho deste reconhecimento.
- [ ] **24.** Minha postura, meus gestos e a forma que tenho de me comunicar demonstram total segurança.
- [ ] **25.** Estabeleço metas realistas, me esforço para alcançar cada uma delas e estimulo meu filho/minha filha a fazer o mesmo.

26. Busco inspiração nas mais diversas fontes (livros, filmes, palestras, cursos etc.).

27. Mudo, testo novas receitas, faço rotas diferentes, troco as coisas de lugar para não ficar presa em uma zona confortável demais e correr o risco de estagnar.

28. Defendo minha opinião, meus gostos e meu ponto de vista de forma muito segura.

29. Concedo uma liberdade vigiada a meu filho/minha filha para que ele/ela seja capaz de cuidar bem de si mesmo(a).

30. Incentivo meu filho/minha filha a se alimentar adequadamente, fazer exercícios físicos regulares e praticar o autocuidado para que ele/ela seja saudável, se sinta bem e tenha orgulho da sua imagem.

31. Executo toda e qualquer tarefa confiante de ser capaz de entregar um resultado impecável

32. Tenho propósitos claros de vida e oriento meu filho/minha filha para que tenha os seus próprios.

33. Confio plenamente na escola e nos educadores que participam da formação do meu filho/da minha filha.

34. Confio plenamente na rede de apoio que participa da formação do meu filho/da minha filha.

35. Percebo quando meu filho/minha filha segue padrões diferentes, copia o amigo ou a amiga e ajo para que ele/ela volte e retome sua essência.

36. Enxergo e aceito meu filho/minha filha exatamente como ele/ela é, sem idealizações.

37. Observo as pessoas sem julgá-las para que tenham o mesmo cuidado comigo e com os meus.

38. Não utilizo meu filho/minha filha como compensação ou representação viva do que fiz, faço, deixei ou pretendo fazer.

39. Preservo meu filho/minha filha para que ele/ela não se torne um troféu a ser exibido(a) nas redes sociais.

40. Compreendo o privilégio, o desafio, a honra e o estresse que envolve o processo de cuidar e trabalhar para que meu filho/minha filha se torne ele/ela mesmo(a) e não um fantoche dos meus sonhos ou dos sonhos de alguém.

Total Autoconfiante:

A mãe **AUTOCONFIANTE**
é aquela que confia em si mesma,
na força das suas ideias, no poder das
suas palavras, no resultado positivo
das suas ações, em quem participa
com ela da criação do filho/da filha,
na escola, nas pessoas à sua volta,
no seu propósito de vida, na
proteção e no amparo que
vem de Deus.

Avaliação dos resultados

Transcreva, abaixo, o total de cada aspecto que vimos até aqui.

❶ **Consciente**

❷ **Humana**

❸ **Amorosa**

❹ **Tranquila**

❺ **Autoconfiante**

Observe os números e, do maior para o menor, identifique as características que mais lhe representam. Veja se os valores estão próximos uns dos outros e reflita sobre o seu resultado lembrando que a vida é uma construção diária e que as pessoas são diferentes umas das outras (ainda bem!).

Analise as frases que você não assinalou e reflita: "Eu gostaria de poder assinalar este item? Como eu me sentiria se pudesse assinalar? O que eu e meus familiares ganharemos com isso? Isso faz sentido para mim? O que eu poderia fazer para começar a viver mais de acordo com esta ideia?".

Lembre-se de que não há mãe boa ou mãe ruim dentro desta nossa reflexão. Jamais julgue a si mesma. Até aqui você tem sido a mãe que soube, quis e que conseguiu ser. E se tiver no seu coração o desejo de explorar mais possibilidades, excelente! Vamos construir isso, essa nova você. Mas, antes, tenho uma proposta...

Escreva, abaixo, uma carta de desculpas a si mesma. Tire um tempo (de 10 a 20 minutos, pelo menos) e escreva, para você, uma mensagem de apoio, carinho, compreensão e acolhimento. Seja tão amorosa consigo como você seria com quem mais ama. Sim, este é um exercício de autoamor. E é mágico. Experimente! Você vai pedir sinceras desculpas pelas muitas vezes em que se colocou para baixo, pelas situações em que se criticou exageradamente, pelas horas em que se comparou com outras mães, colocando-as num pedestal. Lembre-se de se colocar no colo e de se desculpar com carinho, já dizendo a si mesma que até aqui você fez o possível e foi com certo nível de consciência, que está se expandindo.

Agora, mãos à obra! E vê se coloca carinho nestas palavras, combinado?

6

PLANO DA VIRADA

Nunca a saúde mental, o envolvimento escolar e o respeito aos mais velhos estiveram tão ameaçados como agora. E não é segredo para ninguém que os índices de ansiedade, depressão, autolesão, agressividade, solidão, além de outras dores emocionais já passaram há muito tempo dos níveis aceitáveis. Pesquisas internacionais mostram que os índices de ansiedade e depressão entre jovens aumentaram mais de 25% depois da pandemia (OMS, 2022). Além disso, levantamentos apontam um crescimento preocupante da solidão entre crianças e adolescentes em diversos países (Gallup, 2022; Twenge *et al.*, 2025).

Isso se deve a inúmeros fatores, dentre eles ao fato de que a qualidade das nossas relações anda bastante esgarçada. É difícil encontrar hoje pessoas, ídolos, modelos, referências em quem confiamos. Isso explica também, em parte, porque é tão tentador querer agradar a todo tempo, a qualquer custo, os filhos/as filhas. Isso porque nós, como adultos, também sentimos os mesmos efeitos desta vida tão complexa, conectada, acelerada, exigente, cara, uma vida em que muitas vezes nos desconectamos de nós mesmos.

Então, diante de um cenário de um cotidiano muito angustiante, é fácil cair na tentação de camuflar, de compensar esta angústia que nós, adultos, sentimos tornando nossos filhos os tótens narcísicos da nossa família. Ou seja, no lugar de olhar a nossa vida, o modo como estamos convivendo em sociedade, deixamos de lado isso que nos atormenta, que nos angustia, que nos preocupa, que é a vida real, e acabamos elegendo que a vida, a felicidade, os prazeres de nossos filhos são o que há de mais importante na nossa vida.

Assim continuamos desconectados de nós, nos desencorajamos, nos desincumbimos, nos desresponsabilizamos de olhar as nossas angústias e rever as nossas vidas, as nossas carreiras, as nossas relações. E tão ruim quanto isso, quanto essa ausência que acabamos criando em nós mesmos, caímos no perigo da superproteção, do mimo, do vitimismo, do coitadismo. Caímos nessa tentação tão comum de querermos ser a mãe mais perfeita do mundo, a mais legal, a que nunca frustra, que não promove espera, que não promove mérito, que não promove a conquista dos filhos/das filhas por sua própria felicidade. Isso é bastante perigoso, porque boa parte da nossa saúde mental vem da construção de uma vida baseada em hábitos que geram o respeito às nossas necessidades mais essenciais. Dentre elas, a de algumas rotinas, de cuidado com a alimentação, de atividades físicas, do respeito aos demais, da prática consistente de valores humanos, além de muitos outros cuidados essenciais que exploramos até aqui.

Estamos nos vendendo barato demais, normalizando dores e dissabores dos mais diversos tipos dentro de nossos próprios lares, mas não precisa ser assim. Seja na prática clínica ou nas minhas pesquisas, vejo famílias que conseguem, com muito trabalho e dedicação, construir uma realidade diferente. Há pessoas que entendem que a verdadeira felicidade é baseada em valores que norteiam a vida, em virtudes que são lapidadas no dia a dia e em um estilo de viver que leva a família como um todo à realização de **projetos de vida** sadios, eficazes e felizes.

Um projeto de vida sadio é aquele em que encontramos tempo para cuidar de nós mesmos da melhor forma possível, que entendemos que podemos ter dificuldades, mas procuramos ajuda. Assim, passamos a encarar uma crise de pânico, um filho com ansiedade, uma filha com depressão não como um erro, mas como uma questão complexa e conectada a diversos fatores, os quais muitas vezes escapam do nosso controle. A partir daí, com humildade e consciência, acionamos a família, a escola, procuramos um psicólogo, o pediatra, o médico especialista, sabendo que saúde não é ausência de doença: é a busca constante por uma sensação de bem-estar, de fluidez com a vida. Nenhum de nós é 100% saudável o tempo todo. Nenhum de nós merece ou precisa ser visto como errado por enfrentar dificuldades na saúde física ou mental – nossa ou dos nossos filhos/nossas filhas.

Um projeto de vida eficaz é aquele em que há coerência entre o pai e a mãe e entre os adultos que educam suas crianças e adolescentes. É o que aproxima família e escola, potencializando seus recursos pedagógicos e orientacionais. É um projeto que, antes de tudo, leva a família a encontrar meios de conversar. Afinal de contas, não basta eu dizer que "família é importante" se, dentro das 168 horas da semana, não encontro um momento de 20 minutos para conversar com meu filho/minha filha sobre ele/ela, sobre mim, sobre a vida, a escola... O mesmo se pode dizer sobre quem o(a) educa junto comigo. Que tal a cada trimestre, pelo menos, enviar uma mensagem à escola para manter um diálogo, um senso de cooperação, trocar ideias e somar forças?

Então, agora, vamos pensar no seu projeto de vida maternal? Vamos olhar como está o seu índice de "chatice"? Você deve achar engraçado, mas sabe que ser uma Mãe C.H.A.T.A. é um grande elogio em favor da autenticidade, da verdade.

Para levar sua vida, suas relações e a educação dos seus filhos para um próximo nível, vou te ajudar a criar um passo a passo para a mudança, mas é fundamental que você se acolha e entenda que ninguém é perfeito em tudo. Toda mãe sempre terá um ou dois aspectos mais desenvolvidos e, até pela sua história e sua limitação, haverá alguns pontos que não serão muito bem desenvolvidos, o que já é esperado. Você não é perfeita e não tem que ser. Lembre-se disso.

As perguntas a seguir guiarão seu processo de lapidação do seu "novo eu".

1. Quão satisfeita me sinto a respeito do meu nível de "chatice"? Como está meu desempenho ou minha satisfação atual com relação ao meu nível de consciência, humanidade, amorosidade, tranquilidade e autoconfiança? Comente com suas palavras o que percebeu sobre si em relação a isso.

2. Como mãe, o que eu gostaria de sentir, viver e realizar? Descreva seus objetivos de forma positiva, ou seja, procure ser específica em relação ao que você quer pensar, sentir e realizar a partir do que aprendeu aqui. Comente claramente o que você pretende fazer como ajustes na sua vida.

3. Comente agora o que você irá ganhar com a realização dos objetivos descritos na pergunta anterior, ou seja, destas mudanças ou ajustes em sua forma de viver, conviver e de maternar. Descreva os benefícios para você e para quem convive com você.

4. Que outras áreas da minha vida poderiam ser prejudicadas se eu não efetivar estas mudanças? Reflita aqui sobre os custos emocionais, psicológicos, sociais ou até financeiros que você teria se não cuidasse como quer destas questões que você mesma elencou.

5. Reflita agora sobre os obstáculos que você poderá enfrentar, ou os ajustes que poderá ter que fazer, durante a busca pelo seu objetivo de uma maternidade mais consciente e transformadora, uma maternidade em que você assume o seu lugar de uma Mãe C.H.A.T.A. com orgulho. Reflita sobre as dificuldades, os recursos e aquilo que você precisará de fato cuidar para que a sua transição entre o estado atual e o desejado seja feita de forma adequada.

6. Escreva, agora, como você irá contornar esses obstáculos. Com quem você poderá contar? Leve em conta cursos, tratamentos, treinamentos, ferramentas ou aconselhamento de alguém que possa guiá-la ou estar do seu lado neste processo.

7. Quais as etapas que você pode estabelecer para criar um plano, passo a passo, da sua mudança? E até quando você quer que esta meta seja realizada?

Como terminamos?
Você decide!
Afinal, como vimos,
você é a autora,
a editora, a revisora
do livro da sua vida!

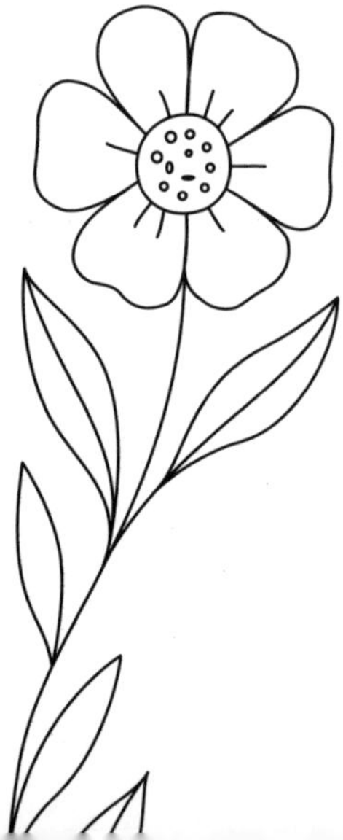

Para finalizar, escreva, agora, uma carta a você do futuro. Diga para si mesma que tipo de pessoa/mãe/esposa/profissional/amiga/filha você escolhe e se compromete a ser.

Seja sincera como nunca, generosa e o mais específica possível. E, ah, faça a lápis, para poder rever qualquer coisa e, pelo menos uma vez ao mês, releia o que você escreveu, ok?

Seja você! Seja feliz!

BIBLIOGRAFIA

Abreu, Cristiano Nabuco de. *Psicologia do cotidiano: como vivemos, pensamos e nos relacionamos.* 1. ed. Porto Alegre: Artmed, 2016.

Achor, Shawn. *O jeito Harvard de ser feliz: o curso mais concorrido da melhor universidade do mundo.* 1. ed. São Paulo: Benvirá, 2012.

Bauman, Zygmunt. *Amor líquido: sobre a fragilidade dos laços humanos.* 2. ed. Rio de Janeiro: Zahar, 2021.

Ben-Shahar, Tal. *Seja mais feliz: aprenda a ver alegria nas pequenas coisas para alcançar a satisfação permanente.* 2. ed. São Paulo: Academia, 2018.

Borelli, Alessandra. *Crianças e adolescentes no mundo digital: orientações essenciais para pais e educadores.* 1. ed. Belo Horizonte: Autêntica, 2022.

Brasil. [Constituição (1988)]. *Constituição da República Federativa do Brasil de 1988.* Brasília, DF: Presidência da República.

Bregman, Rutger. *Humanidade: uma história otimista do homem.* 1. ed. São Paulo: Crítica, 2021.

Dolan, Paul. *Felicidade construída: como encontrar prazer e propósito no dia a dia.* 1. ed. Rio de Janeiro: Objetiva, 2015.

Duhigg, Charles. *O poder do hábito: por que fazemos o que fazemos na vida e nos negócios.* 1. ed. Rio de Janeiro: Objetiva, 2012.

Dweck, Carol S. *Mindset: a nova psicologia do sucesso.* 1. ed. São Paulo: Companhia das Letras, 2017.

Elkind, David. *Sem tempo para ser criança: a infância estressada.* 3. ed. Porto Alegre: Artmed, 2003.

Frankl, Viktor E. *Em busca de sentido: um psicólogo no campo de concentração.* 60. ed. Petrópolis: Vozes, 1991.

Frankl, Viktor E. *O sofrimento humano: fundamentos antropológicos da psicoterapia.* 1. ed. São Paulo: É Realizações, 2019.

Gottlieb, Lori. *Talvez você deva conversar com alguém: uma terapeuta, o terapeuta dela e a vida de todos nós.* 1. ed. São Paulo: Vestígio, 2020.

GALLUP. *People Worldwide Feel Lonely a Lot.* 2022. Disponível em: https://news.gallup.com/poll/646718/people-worldwide-feel-lonely-lot.aspx. Acesso em: 19 ago. 2025.

Haidt, Jonathan. *A geração ansiosa: como a infância hiperconectada está causando uma epidemia de transtornos mentais.* 1. ed. São Paulo: Companhia das Letras, 2024.

Markham, Laura. *Pais e mães serenos, filhos felizes: crie uma conexão de empatia com seus filhos.* 1. ed. São Paulo: nVersos Editora, 2019.

Organização Mundial da Saúde. *COVID-19 pandemic triggers 25% increase in prevalence of anxiety and depression worldwide.* 2022. Disponível em: https://www.who.int/news/item/02-03-2022-covid-19-pandemic-triggers-25-increase-in-prevalence-of-anxiety-and-depression-worldwide. Acesso em: 19 ago. 2025.

Seligman, Martin E. P. A *criança otimista: uma abordagem revolucionária para educar crianças resilientes.* 1. ed. Rio de Janeiro: Objetiva, 2022.

Seligman, Martin E. P. *Felicidade autêntica: usando a psicologia positiva para a realização permanente.* 1. ed. Rio de Janeiro: Objetiva, 2004.

Silva, Ana B. B. *Um tempo pra mim: 10 minutos diários de autocuidado mental.* 1. ed. São Paulo: Principium, 2024.

Tiba, Içami. *Quem ama, educa! Formando cidadãos éticos.* 35. ed. São Paulo: Integrare, 2007.

Tough, Paul. *Uma questão de caráter: por que a curiosidade e a determinação podem ser mais importantes que a inteligência para uma educação de sucesso.* 1. ed. Rio de Janeiro: Intrínseca, 2014.

Tugend, Alina. *Sem medo de errar: as vantagens de estar enganado.* 1. ed. Rio de Janeiro: Zahar, 2012.

Twenge, J. M. *et al.* Two decades of loneliness among children and adolescents: trends 2003-2024. *European Child & Adolescent Psychiatry*, 2025.

Viorst, Judith. *Perdas necessárias.* 1. ed. São Paulo: Melhoramentos, 2005.

Winch, Guy. *Como curar suas feridas emocionais: primeiros socorros para a rejeição, a culpa, a solidão, o fracasso e a baixa autoestima.* 1. ed. Rio de Janeiro: Sextante, 2014.

MINHAS OBRAS

SUPERAÇÃO E EQUILÍBRIO EMOCIONAL:
35 CAMINHOS PARA ENFRENTAR OS NOVOS TEMPOS

Gutenberg, 2020

A SÍNDROME DO IMPERADOR:
PAIS EMPODERADOS EDUCAM MELHOR

Autêntica, 2019

DICIONÁRIO E GUIA DE PROFISSÕES

↗ https://s.ftd.li/RFKX8Y

FTD, 2023

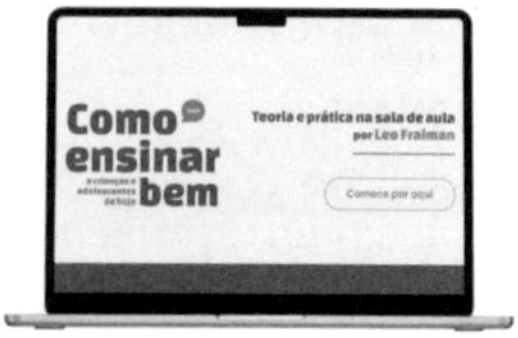

COMO ENSINAR BEM A CRIANÇAS E ADOLESCENTES DE HOJE

FTD, 2024

MEU FILHO CHEGOU À ADOLESCÊNCIA, E AGORA?
COMO CONSTRUIR UM PROJETO DE VIDA JUNTOS

Integrare, 2011

COMO ESCOLHER A SUA PROFISSÃO:
GUIA PRÁTICO PARA UMA DECISÃO CONSCIENTE

OPEE, 2018

METODOLOGIA OPEE: METODOLOGIA DE ENSINO DE PROJETO DE VIDA E COMPETÊNCIAS SOCIOEMOCIONAIS

PIONEIRA E LÍDER DE MERCADO HÁ MAIS DE 23 ANOS.

OPEE, 2018

Este livro foi composto com tipografia Electra LT Std e impresso
em papel Offset 90 g/m² na Formato Artes Gráficas.